KB070500

학습과학에서 말하는

성공하는 학습자의

20가지

공부 습관

HOW TO BE A SUCCESSFUL STUDENT

20 STUDY HABITS BASED ON THE SCIENCE OF LEARNING

Richard E. Mayer 저

성은모 · 최효선 · 허균 공역

학지사

역자 서문

공부하는 원리를 알고
올바른 방법으로 공부해야
기대하는 성적이 나온다.

'공부'라는 단어는 우리나라에서 최대의 관심사이자 가장 큰 고민거리 중의 하나일 것이다. 어떻게 하면 공부를 잘할 수 있을까? 공부하는 방법을 잘 알면 공부를 잘할 수 있지 않을까? 하지만 애석하게도 우리는 교과목에 대한 지식을 배우는 과정에 몰두한 나머지 '공부하는 방법'에 대해서 체계적으로 배우지 못하였다. 지금 이 순간에도 학생들은 공부를 잘하기 위해서는 투철한 정신력과 의지를 바탕으로 열심히 노력해야 한다는 신념만으로 공부하고 있을지도 모른다. 그래서 열심히 공부했지만 성과가 좋지 않을 경우, 우리는 또다시 더 열심히 노력하지 않았다고 자신을 자책하면서 또 열심히 노력하는 반복의 악순환을 경험하고 있는 것은 아닌지 생각해 봐야 한다. 정말 열심히 노력해서 공부를 하였는데 성적이 안 나왔다면, 아마도 공부하는 방법에 문제가 있을 가능성이 높다. 올바른 공부 방법이 아닌 자신만의 공부 방법으로 무턱대고 열심히 노력하는 것은 노동에 불과하다. 물론 열심히 노력하지 않는 학생보다 열심히 노력하는 학생이 성적이 더 높을 수 있다. 하지만 보다 올바른 방법으로 열심히 노력한다면 더 나은 성적과 자신이 달성하고자 하는 목표에 보다 효과적으로 도달할 수 있지 않을까라는 희망을 가져 본다.

　이 책은 성공하는 학습자가 되기 위한 희망을 현실로 만들어 줄 수 있는 '올바른 공부 방법'을 제시하고 있다. 공부하는 학습자로서 성공하기 위해 더욱 효율적이고 효과적인 방법으로 공부할 수 있는 원리인 '올바른 공부 방법'을 과학적 근거를 기반으로 제시하고 있다. 올바른 공부 방법은 인간이 어떻게 학습을 하는가에 대한 학습의 원리를 이해하는 것에서부터 시작되고, 그 학습의 원리를 행동으로 실천하여 꾸준하게 지속될 수 있는 습관이 형성되어야 이루어질 수 있다. 성공한 학습자들, 즉 우수한 성적을 받는 학생들은 이러한 학습의 원리를 공부하는 과정을 통해 자연스럽게 이해하고, 그 원리를 행동으로 실천하여 자신도 인식하지 못하는 공부 습관이 형성되어 있을 가능성이 매우 높다. 만약 우리가 어떤 지식 또는 교과를 배우기 전에 그 지식을 보다 효율적이고 효과적으로 습득할 수 있는 방법을 알고 있다면 더욱 쉽게 배울 수 있을 것이다. 이를 '전략적 학습(strategical learning)'이라 할 수 있다. 전략적 학습은 올바른 공부 방법을 통해 학습하는 것을 의미한다.

　올바른 공부 방법을 통해 학습하는 '전략적 학습'은 인간이 어떻게 학습을 하는가에 대한 과학적 연구결과들을 기반으로 한다. 이 책에서는 올바른 공부 방법에 따른 학업 성공은 MOM에 달려 있다고 설명하고 있다. MOM은 동기(Motive)−기회(Opportunity)−방법(Means)으로, 학습 동기 4가지, 학습 기회 6가지, 학습 방법 10가지의 총 20가지 공부 습관을 제시하고 있다. 이 공부 습관 20가지는 인간이 어떻게 학습해야 효과적으로 학습하는가에 대한 학습과학 연구의 결과에 기반한 것이다. 기존의 학습하는 방법에 대한 여러 가지 사례는 특정 개인의 경험에 의해 도출되었거나, 특정 원리가 개인에게 적용되어 일반화할 수 있는 방법이 아닐 가능성이 높다. 하지만 학습과학의 연구결과에 따른 근거 기반의 학습 원리는 보편타당한 원리로서 누구나 올바르게 적용하면 성공적인 학습자로 거듭나게 할 수 있다. 이 원리를 활용하여 공부하고 있는 초·중·고등학생뿐만 아니라 대학생과 성인 모두 성공하는 학습자가 되기를 바란다.

이 책은 교육심리학 분야의 대학자인 리처드 메이어(Richard E. Mayer) 교수가 집필한 책을 번역한 것이다. 메이어 교수는 교육심리학자이지만 교육공학 분야와 밀접하게 관련이 있는 멀티미디어 학습 원리와 컴퓨터 기반 학습 원리, 그리고 최근에는 스마트 미디어 기반 학습 원리에 대한 교육적 효과성에 대해서 연구를 하고 있다. 역자는 10여 년 전 UCSB(University of California, Santa Barbara)의 메이어 교수 연구실에서 박사 후 연구원으로 재직하면서 함께 연구를 수행하였다. 메이어 교수는 논리적이면서도 인지적 융통성과 사교성이 매우 높은 분이다. 같이 연구를 수행하면서 연구 방법적 측면에서 학습과학적 접근법에 대해서 배울 수 있었다. 10여 년이 지난 지금, 역자도 많은 관심을 가지고 있는 학습 방법, 학습 설계 영역에서 메이어 교수가 집필한 『How to Be a Successful Student』는 너무나 반가웠고, 의도하지 않았지만 공동의 관심사를 공유하는 기분이었다. 한국어 번역에 있어 그 의도를 충분히 반영하지 못했을 수 있다는 아쉬움이 있지만, 출간 이후라도 본문 내 문제가 있거나 오역이 있을 경우 추후 개정판을 통해 보완하도록 노력할 것임을 약속하고 싶다.

이 책을 번역하는 데 있어 공동 번역 작업에 기꺼이 참여해 주신 조선대학교 최효선 교수님과 부경대학교 허균 교수님께도 감사하다는 말씀을 전하고 싶다. 번역을 하면서 서로의 지식과 경험을 공유하고, 번역 내용을 여러 차례 돌아가면서 읽고 점검하고 교정을 보는 과정 속에서 선후배로서의 정을 돈독히 할 수 있고, 역서의 수준도 보다 높아질 수 있었다는 것에 감사를 드린다. 아울러 이 책을 읽고 꼼꼼히 교정을 봐 준 안동대학교 박사과정 강수미, 안희정 선생과 석사과정 소지연, 최서영 선생에게도 감사의 말을 전하고 싶다.

끝으로 이 역서를 흔쾌히 발간하여 주신 학지사 사장님과 빠듯한 일정을 맞추기 위해 노력해 주신 편집부 임직원분들께도 깊은 감사의 말씀을 드린다. 이 책이 공부하는 학생들과 학생들을 지도하는 교수 및 교사들에게 유용하게 활용될 수 있기를 기대해 본다.

2023년 가을이 무르익는 안동대학교 연구실에서
역자 대표 성은모

저자 서문

여러분이 읽고 있는 이 책

여러분이 읽고 있는 이 책은 성공적인 대학생이 될 수 있도록 돕기 위한 목적을 가지고 있다. 이 책은 학생 성공 코스 또는 대학교에서 제공하는 신입생 적응 프로그램의 일환으로 활용할 수도 있다. 어떤 경우든지, 여러분이 이 책을 다 읽었을 때쯤 대학교에서 공부하는 방법을 개선하는 데 필요한 지식들을 갖게 되는 것이 이 책의 목적이다. 만약 자신을 성공적인 대학생으로 만들 수 있는 공부 습관을 만들고 싶다면, 이 책은 여러분을 위한 것이 될 것이다.

숨겨진 교육과정으로 배우는 방법에 대한 학습

미국에서도 세계 여러 나라와 마찬가지로 학생들이 5세에 초등학교에 입학하고 13년 후에는 고등학교를 졸업한다. 만약 여러분이 미국 고등학교 졸업생들과 같다면, 여러분의 다음 단계는 대학교에 들어가는 것이다. 여러분이 대학교에 입학했을 때쯤, 대학생으로서 필요한 지식과 기술을 연마하면서 대부분의 인생을 학교에서 보내게 될 것이다. 여러분은 이 긴 과정을 통해서 어떻게 배우는지에 대해서 학습하게 되겠지만, 사실 아무도 여러분에게 그 배우는 방법을 가르쳐 주지는 않을 것이다. 이것이 공부하는 방법을 배우는 것이 때때로 **숨겨진 교육과정**(hidden curriculum)이라고 불리는 이유이다. 여러분이 공부하는 방법에 대해 배우기를 기대하기 때문에 교육과정의 일부라 할 수 있으나, 공부하는 방법에 대해 가르치지 않기 때문에 숨겨진 교육과정이라 일컫는다.

고등학교에서 대학으로의 전환은 때때로 어떻게 배우는지에 대한 여러분의 지식 차이를 깨닫게 하는 데 도움을 줄 수 있다. 초등학교와 고등학교에서 최적의 학습 기술은 더 높은 수준의 교육, 즉 대학에서와 같은 고등교육 기관에서 교육을 받을 때 성공적인 학습을 이끄는 데 충분하지 않을 수 있다. 고등학교까지의 학습 기술이 대학에서의 학습 기술과는 다른 측면이 있기 때문이다. 이것이 이 책을 쓴 이유이다.

공부하는 습관

이 책의 목적은 여러분이 성공적인 학습자로서, 즉 더 효과적으로 학습할 수 있도록 돕는 것이다. 성공적인 학습자가 되는 것은

'공부하기 위한 습관'의 개발을 의미한다. 이는 학습자가 스스로 학습할 수 있도록 동기를 유발하는 방법, 학습환경을 관리하는 방법 그리고 효과적으로 학습하는 전략을 활용하는 방법에 관한 습관을 포함하고 있다. 이 책은 동기 유발 습관 4가지, 관리 습관 6가지, 그리고 학습 습관 10가지 등 총 공부 습관 20가지와 이를 뒷받침하는 근거 기반의 공부 습관을 제시하고 있다. 이 책은 여러분이 비효과적인 공부 습관을 버리고 효과적인 공부 습관을 개발함으로써 성공적인 학습자가 될 수 있는 방법을 보여 줄 것이다.

대학생의 학업 성공(또는 학습하는 방법을 배우는 과정)에 대한 대학 강좌의 수요는 수십 년 동안 대학교육에서 증가해 왔지만, 효과적인 학습 전략을 가르치는 것은 오늘날에도 여전히 숨겨져 있는 교육과정으로 남아 있다. 어쩌면 여러분은 그러한 강좌를 지금 듣고 있을 수도 있다. 이 책은 여러분에게 성공적인 학습자가 되는 것을 돕기 위한 귀중한 정보를 제공하고 있다.

이 책의 활용 방법

이 책은 대학생들의 학습 능력을 향상시킨다고 입증된 공부 습관을 갖추게 함으로써 여러분이 더 나은 대학생이 되도록 돕기 위한 의도를 가지고 있다. 여러분은 자신을 더 나은 대학생으로 만들 수 있는 잠재력을 지닌 20가지의 공부 습관에 대해 배울 것이다. 하지만 이들 중에서 자신에게 가장 매력적이고, 가장 수업과 잘 어울리며, 가장 큰 도움을 줄 수 있는 것들에 집중해야 한다. 자신의 수업에서 이 공부 습관들을 시도해 보고, 자신의 필요에 맞게 자유롭게 조정해야 한다. 간단히 말해서, 자신에게 가장 좋은 공부 습관을 골라 선택할 수 있으며, 그것들을 자신의 것으로 만들기 위해 조정하여야 한다. 이 책을 최대한 활용하기 위해 다음과 같이 단계를 밟을 것을 추천한다.

- 1단계: 첫 번째 단계는 공부 기술을 향상시키기 위한 동기를 개발하는 것이다. 이 책의 제1부는 학업 성공에 필요한 동기를 개발하는 4가지 방법, 즉 4가지 동기 유발 습관을 제시하고 있다. 첫째, 자신이 왜 더 나은 학생이 되고 싶은지에 대해 설명하는 시간을 가져 본다. 이 책이 자신에게 어떤 가치가 있는지를 설명해 보는 것도 좋다. 둘째, 대학생으로서 목표를 명확히 한다. 학습 내용을 더 잘 이해하는 데 중점을 두고 싶은지, 아니면 더 좋은 학점을 받는 것에 중점을 두고 싶은지 말이다. 셋째, 이 책을 활용하여 노력하는 과정을 통해서 자신의 학습 능력을 향상시킬 수 있다고 생각하는지 심사숙고해 본다. 즉, 자신이 수업을 통해서 학습할 수 있는 능력을 가지고 있는지 생각해 보는 것이다. 넷째, 부정적인 고정관념에 직면해 본다. 다른 사람들의 부정적인 믿음이 여러분 자신을 자기주도적이지 못한 학습자로 생각하게 만드는 것은 아닌지 생각해 본다. 이 책의 제1부의 주요 목표는 자신에 대한 생산적인 믿음을 발전시킬 수 있도록 돕는 것이다. 제1부를 다 읽었을 때, 학생으

로서 개선하고자 하는 확고한 동기를 가질 수 있기를 바란다. 이는 자신이 배우고 있는 것의 가치를 깨닫고, 자신이 충분히 열심히 공부하면 수업을 완벽하게 이해할 수 있는 유능한 학습자라고 생각하게 되는 것을 의미한다.

• 2단계: 두 번째 단계는 자신의 학습을 개선할 수 있는 기회를 만드는 것이다. 제2부에서는 시간을 관리하는 방법, 공부에 방해가 되지 않는 공간을 만드는 방법, 걱정과 마음의 방황으로부터 머리를 맑게 하는 방법에 대해 설명한다. 제2부에 나오는 모든 방법을 실행할 필요는 없지만, 제2부를 다 읽었을 때 자신의 스타일에 맞는 관리 습관을 지닐 수 있기를 바란다. 이것은 공부 시간을 계획하는 습관, 공부할 수 있는 조용한 장소를 찾는 습관, 그리고 학습 과제에 집중하는 습관들을 포함한다.

• 3단계: 세 번째 단계는 개인적인 스타일과 자신이 수강 중인 수업의 요구에 맞는 몇 가지 학습 습관(또는 전략)을 개발하는 것이다. 제3부는 학습 자료를 요약하는 것에서부터 학습 자료를 독학하는 것에 이르는 10가지 학습 습관을 제공한다. 제3부를 다 읽었을 때, 자신이 사용하고자 하는 최소 3가지 이상의 주요 학습 습관과 시도하고자 하는 몇 가지 학습 계획을 가지게 되기를 바란다. 이 방법들을 매번 모두 사용할 필요는 없지만, 학생으로서 성공에 도움이 되는 몇 가지 학습 습관을 결정해야 한다.

이 책이 학생으로서 사용하기 편안하고 학습에 긍정적인 영향을 주는 몇 가지 유용한 공부 습관을 만드는 데 도움이 되기를 바란다. 만약 이 책이 학생으로서 공부의 성공을 이끄는 데 조금이라도 도움이 된다면, 그것은 곧 이 책의 성공이라 할 수 있다.

학습 전략의 힘

저자는 지난 30년간 이 책을 머릿속으로 그려 왔다. 그리고 이것이 저자를 꽤 머리 아프게 했다. 1980년대의 학습 전략에 대한 연구는 학습 전략을 적용한 수업이 K-12 교육의 기본이 될 것이라고 생각될 정도로 진전되었다. 하지만 지금까지 그런 일은 일어나지 않았다. 학습 전략의 힘에 대한 저자의 첫 번째 포괄적 고찰은 1986년 클레어 웨인스테인(Claire Weinstein)과 함께 쓴 『수업에 대한 연구(Handbook of Research on Teaching)』라는 책의 '학습 전략에 대한 수업(teaching of learning strategies)'에서였다. 이 책은 학습 전략을 가르치기 위한 8가지 유형의 학습 전략에 대한 증거를 제시하였다. 학습 전략에 대한 저자의 첫 번째 연구는 1988년 린다 쿡(Linda Cook)과 함께하였으며, 지역사회 대학생들에게 일반화(generalization, 주장과 뒷받침하는 증거), 열거(enumeration, 특징 목록을 가진 개념), 순서(sequence, 과정에서의 단계)와 같은 조직 구조를 바탕으로 과학 교과서의 개요 작성 방법을 가르치는 내용이 포함되었다. 통제집단과 비교하여 실험집단이 학습 결과에 있어 상당

히 개선되었음을 확인하였을 때 저자는 학습 전략의 힘에 깊은 인
상을 받았다. 이것은 저자로 하여금 대학생들에게 학습 전략을 가
르치는 데 뭔가 유용한 것이 있을지도 모른다는 자신감을 심어 주
었다.

그 후 저자는 리처드 페퍼(Richard Peper)와 케네스 키에라
(Kenneth Kiewra) 등의 동료들과 대학생들의 학업 향상을 위한 노
트필기의 힘을 증명하는 연구를 계속해서 수행했고, 이 연구는 우
리들의 자신감을 한층 올려 주었다. 최근에는 저자와 헥터 폰세
(Hector Ponce), 그리고 그의 동료들에 의한 일련의 연구들이 평가
수행 개선을 위한 매핑하기(즉, 핵심 아이디어의 공간 배치 작성)와 강
조 표시하기(즉, 텍스트의 주요 포인트 강조하기) 등과 같은 전략에서
학습의 가치를 보여 주었다. 우리는 시선 추적 방법론을 사용함으
로써 이러한 종류의 학습 전략이 어떻게 학생들이 자료를 더 깊게
이해하고 정보를 처리하는지를 보여 줄 수 있었다. 우리는 학교에
서 연구를 수행함으로써 학습 전략에 대한 수업이 학생들의 실제
세계에서 학업 성취도를 향상시키는 데 효과가 있다는 것을 알 수
있었다. 우리는 이러한 전략을 컴퓨터 인터페이스에 포함함으로써
학습 전략이 컴퓨터 기반 학습에도 적용된다는 것을 보여 주었다.

저자는 또한 최근 수행한 연구결과에 깊은 감명을 받았다. 이 연
구에는 학생들이 본문의 자료를 묘사하기 위한 도표를 그릴 때[클
라우디아 레오폴드(Claudia Leopold)와 동료들과 함께], 동영상 강의로
만든 자료를 다른 사람에게 설명할 때[로건 피오렐라(Logan Fiorella)
와 함께], 학습하는 동안 자기 자신에게 자료를 설명하도록 요청받

앞을 때[셰릴 존슨(Cheryl Johnson)과 함께], 방금 공부한 자료를 스스로 시험해 볼 때(셰릴 존슨과 함께) 또는 그들이 배우고 있는 내용을 요약할 때[로건 피오렐라, 조슬린 파롱(Jocelyn Parong), 셀레스트 필가드(Celeste Pilegard)와 함께] 더 잘 배운다는 내용이 포함되어 있다.

학습 전략에 대한 저자의 관심은 『생성적 활동으로서 학습(Learning as a Generative Activity: Eight Learning Strategies that Promote Understanding)』이라는 제목으로 2015년 로건 피오렐라와 저자가 함께 집필한 책에서 정점에 달했다. 이 책은 이해를 촉진하는 확실한 근거 기반의 8가지 학습 전략을 제시하고 있다. 알다시피, 학습 전략 수업에 대한 근거 기반의 접근은 지난 30년간 저자의 연구과제였다. 여러분이 읽고 있는 이 책에서 저자는 탄탄한 연구 기반을 바탕으로 대학생들의 공부하는 방법에 대한 실용적인 가이드를 작성하여 알려 주고 싶었다.

수십 년 동안 사람들이 어떻게 배우는지를 도와주기 위하여 미국 캘리포니아에 있는 산타바바라 대학교의 심리학과 뇌과학 분야에서 연구한 교육심리학자의 입장에서 볼 때, 이것은 흥미로운 시간이었다. 저자의 소견으로, 우리는 학습과학을 교육에 적용하는 데 중요한 진전을 이루고 있는데, 이것은 몇 세기 동안 지속된 교육심리학자들의 목표였다. 오늘날 교육심리학은 우리에게 학문적 환경에서 학습과 동기가 어떻게 작용하는지에 대한 연구 기반 이론과 성공적인 학습 전략에 관한 과학적 증거를 제공한다. 이 책은 저자의 개인적 의견이나 유행, 이데올로기에 근거하는 것이 아니라, 증거에 기반한 접근법을 취하려고 노력하였다. 하지만 각 장에 '그렇다면 무엇을 해야 하는가'라는 영역에 나와 있는 저자의 조언 중 일부는 더 많은 연구가 필요하다는 것을 인정한다.

학습 전략에 대한 저자의 수년간 경험은 저자를 학생들에게 공부하는 방법을 가르치는 것에 대한 강력한 지지자로 만들었다. 이 책에서 저자는 여러분이 더 나은 학습자가 되는 데 도움이 되기를 바라면서 근거 기반의 조언을 함께 공유하고자 한다. 이 책의 두드러진 특징은 개인적 의견보다는 증거에 바탕을 두고 있으며, 지난 30년 동안 학습 전략에 관한 연구를 수행하고 출판한 연구자에 의해 쓰였다는 것이다.

이 책을 쓰는 것은 저자가 예상했던 것보다 훨씬 더 재미있었다. 저자는 성공적인 공부 습관과 성공적이지 못한 공부 습관을 비교하는 시나리오를 중심으로 각 장을 구성하기로 결정했다. 성공적인 공부 습관과 성공적이지 못한 공부 습관을 비교하는 이유는 공부를 올바르게 하는 능력을 향상시키기 위해서 때때로 잘못하는 것이 무엇인지를 확인해야 하기 때문이다. 저자는 여러분이 성공적인 학습자가 될 수 있도록 자신의 학습 능력을 향상시키길 바란다. 이 책을 어떻게 개선할 수 있을지에 대해 또는 추가할 수 있는 새로운 공부 습관에 대해 생각나는 것이 있다면 메일(mayer@psych.ucsb.edu)로 의견을 자유롭게 보내 주길 바란다.

차례

제1부 학습 동기를 위한 성공 습관 • 25

제2부 학습 기회를 위한 성공 습관 • 57

제3부 학습 방법을 위한 성공 습관 · 101

서론

• • •

성공 학습은 MOM(동기, 기회, 방법)에 달려 있다

누가 했는가

지금은 밤 10시 50분인데 여러분은 TV 앞에 기쁘게 앉아 흥미진진한 범죄 드라마의 마지막 순간을 보고 있다. 리플리(Ripley)라는 이름을 가진 비호감적인 성격의 피고인은 비영리 노숙자 보호소에서 무료로 회계를 하겠다고 자원한 것과 관련하여 돈을 횡령한 혐의로 고소를 당했다. 검사는 배심원단에게 최종 결론을 내릴 예정이다.

그녀는 리플리를 가리키며 말한다. "첫째, 피고인은 이 비열한 범죄를 저지를 수 있는 동기가 있었습니다. 그의 사업은 돈을 잃고 있었고, 빚은 눈덩이처럼 불어나고 있었으며, 은행은 그의 집을 압류하려 하고 있었습니다. 둘째, 그는 이 범죄를 저지를 수 있는 기회를 가지고 있었습니다. 그는 노숙자 쉼터의 통장과 회계 기록에 접근할 수 있는 유일한 사람이었습니다. 마지막으로, 회계와 은행 분야의 전문가인 리플리는 관심을 끌지 않고 계좌에서 돈을 인출할 수 있는 방법을 알고 있었습니다. 즉, 리플리 씨가 범행을 저지르기 위한 동기, 기회 그리고 방법을 갖고 있었다는 데 동의한다면 유죄를 인정해야 합니다."

보다시피 형사 사건에서 검찰은 피고인이 범죄를 저지르는 이유인 **동기**(motive), 범죄를 수행하는 데 필요한 **기회**(opportunity) 그리고 범죄를 저지르기 위한 기술인 **방법**(means)을 가지고 있다는 것을 보여 주면서 유죄를 입증하려고 한다. 동기, 기회 그리고 방법에 대한 탐색은 많은 범죄 드라마의 핵심이며, 검찰의 성공을 위한 탐색에 있어서도 효과가 있어 보인다.

학업 성공을 위한 탐색

이 책에서 저자는 동기-기회-방법(Motive-Opportunity-Means: MOM)의 접근이 여러분의 학습에 성공적으로 적용될 수 있다는 것을 제안하고자 한다. 성공적인 학습자가 되기 위해서 여러분은 다음과 같은 것들을 가지고 있어야 한다.

- 동기: 배우고 싶은 이유
- 기회: 학습에 도움이 되는 조건

- 방법: 효과적인 학습자가 될 수 있도록 돕는 학습 전략

이 책의 주요 주제는 동기-기회-방법(MOM)만 항상 기억하면 성공적인 학습자가 될 수 있다는 것이다.

동기 측면에서, 성공적인 학습자가 되기 위한 몇 가지 핵심 요소는 흥미와 가치, 목표, 믿음 그리고 위협에 대한 대응이다. 흥미와 가치는 자료에 대한 관심을 가지고 개인적인 가치를 찾는 것, 목표는 자료를 이해하고자 하는 것, 믿음은 충분한 노력을 기울이면 자료를 배울 수 있다고 생각하는 것, 위협에 대한 대응은 학습자로서의 본인의 믿음을 파괴할 수 있는 고정관념을 허락하지 않는 것이다. 즉, 성공적인 학습자가 되기 위한 첫 번째 단계는 학습 동기를 확립하는 것이다. 이 책의 제1부에서는 동기의 요소들에 대하여 탐색하고자 한다.

기회 측면에서, 성공적인 학습자가 되기 위한 몇 가지 핵심 요소는 시간, 공간 그리고 마음이다. 시간은 생산적으로 공부할 수 있도록 충분한 시간을 할당하는 것과 공부 시간을 효율적으로 사용하는 것을 의미한다. 공간은 방해 없이 공부할 수 있는 공간을 만들어 내는 것을 의미한다. 마음은 근심과 방황에서 벗어나 집중적인 정신 상태를 조성하는 것을 의미한다. 즉, 성공적인 학습자가 되기 위한 다음 단계는 여러분이 학업 학습에 필요한 조건을 만드는 것이다. 이 책의 제2부에서는 기회의 요소들에 대하여 탐색하고자 한다.

방법 측면에서, 최근의 연구는 학업에서 학습을 향상시키는 것으로 보이는 효과적인 학습 전략을 확립했다. 학습 전략은 학습을

개선하기 위해 학습 중에 수행하는 활동이다. 이는 헷갈리는 문장 다시 읽기, 중요한 문장 밑줄 긋기, 주요 용어 배우기, 자신의 언어로 배운 내용 정리하기, 배운 내용의 구성을 묘사하기 위한 개요나 도표 만들기, 글의 구조나 과정을 묘사하는 그림 그리기, 방금 공부한 내용에 대하여 스스로 평가하기, 자신에게 공부한 내용 설명하기, 다른 사람에게 공부한 내용 설명하기, 그리고 공부한 내용 실연해 보기 등을 포함한다. 간단히 말해서, 성공적인 학습자가 되기 위한 세 번째 단계는 공부한 내용을 깊이 배울 수 있는 방법을 가지고 학습 상황에 도달하는 것, 즉 사용 방법과 시기를 알고 있는 효과적인 학습 전략을 가지고 공부하는 것을 의미한다. 이 책의 제3부에서는 학습 전략에 대하여 탐색하고자 한다.

이 책의 목표는 여러분이 학습하고 싶을 때마다 동기-기회-방법(MOM)을 기억하도록 돕는 것이다. 저자는 여러분이 성공하기 위해서 동기, 기회, 그리고 방법을 가지기를 원한다. 저자의 의도를 이해할 수 있도록 학생들이 어떻게 해야 하는지와 어떻게 하면 동기, 기회, 방법을 확립할 수 있는지를 보여 주는 시나리오를 고안해 냈다. 저자는 이 책에서 효과적 또는 비효과적인 공부 습관을 가진 학생들의 시나리오를 통해서 여러분이 효과적인 공부 습관을 확립하도록 노력하기를 바란다.

공부하는 방법에 대한 학습

어느 누구도 낙제생이 되고 싶지 않다. 그러나 어느 교실에나 수년간 비효과적인 공부 습관을 길러 온 학생들이 있는데, 이러한 공부 습관은 그들이 성취할 수 있는 높은 수준의 학업 성취도를 달성하지 못하게 한다. 저자는 이 책에서 비효과적인 공부 습관을 탐색하고 효과적인 공부 습관을 개발하기 위한 권고 사항을 제안하고자 한다.

학생들이 비효과적인 공부 습관을 갖게 된 이유는 무엇일까? 그 이유는 아무도 시간을 내서 그들에게 공부하는 방법을 가르쳐 주지 않았기 때문일 수 있다. 우리는 교사와 학생으로서 무엇을 배울 것인가에 집중하는 경향이 있지만, 어떻게 배울 것인가에 대해서는 거의 집중하지 않는다. 저자가 서문에서 언급했듯이, 일부 교육 연구자는 공부하는 방법에 대한 학습이 숨겨진 교육과정이라고 불리는 것의 일부라고 주장하고 있다. 왜냐하면 우리는 학생들이 공부하는 방법에 대해 학습하기를 기대하지만 공부하는 방법을 거의 가르치지 않았기 때문이다. 매우 성공적인 학습자들은 스스로 공부하는 방법을 알아냈을 수도 있고, 누군가가 그들이 공부하는 도중에 약간의 지도를 해 주었을 수도 있지만, 우리에게 있어 공부하는 방법은 교육과정에서 중요한 부분이 아닌 것이다. 다음 장에서는 학습과학에서 얻은 과학적 증거를 바탕으로 공부하는 방법을 학습하는 데 있어 중심적인 요소를 보여 줌으로써 이 문제를 해결하는 단계를 밟고자 한다.

만약 여러분이 학업 성공을 최대화하는 데 도움이 되는 효과적인 공부 습관을 기르고 싶다면, 이 책에서 제시하고 있는 20가지의 공부 습관은 여러분을 위한 것이다. 각 장에서는 저자가 좋아하는 성공적인 학습자의 20가지 근거 기반 공부 습관을 하나씩 소개하고자 한다. 각 장에는 시나리오, 여러분이 시도할 수 있는 연습, 공부 습관에 대한 설명 그리고 공부 습관을 자신의 공부에 적용하기 위해 여러분이 할 수 있는 것에 대한 간단한 요약이 포함되어 있다.

제1부

학습 **동기**를 위한 성공 습관

성공 습관 #1
가치 습관:
학습의 개인적 가치 발견하기

생물학 블루스

밥(Bob)은 생물학을 좋아하지 않지만, 그가 좋아하는 일들이 있다. 밥은 액션 비디오 게임을 매우 좋아하고, 학교에서 가장 좋아하는 과목은 미술과 음악이다. 하지만 밥은 지금 생물학 수업을 듣고 있지만, 생물학에는 전혀 관심이 없다. 이번 주 과제는 소화기관이 어떻게 작동하는지, 심장과 폐가 어떻게 작동하는지, 면역체계가 어떻게 작동하는지, 그리고 눈과 귀가 어떻게 작동하는지를 설명하는 내용을 읽는 것이다. 밥은 그 내용을 살펴보면서 엄청난 지루함을 느끼고 있다. 밥의 계획은 어딘가에 앉아서 생물학 책을 읽는 끔찍한 과정을 끝내는 일이다. 한마디로, 그의 계획은 그 일에 감정적으로 관여하지 않고 그냥 그것을 끝내는 것이다.

학습에 대한 흥미와 가치

밥이 좋아하지 않는 생물학 책을 읽는 독서 활동에 있어 무엇이 잘못되었을까? 표면적으로 그는 냉정하게 접근하고 있는 것으로 보인다. 그는 그 자료를 읽어야 한다는 것을 별로 좋아하지 않지만, 다른 매력적이지 않은 일을 하는 것처럼 그것을 그냥 끝내는 것에 목표를 두고 있다.

이 상황을 살펴보면서 저자는 밥이 성공적이지 못한 학생처럼 행동하고 있는 게 아닌가 하는 걱정이 든다. 밥의 접근은 다음과 같은 측면에서 문제점을 가지고 있다. 학습의 관심에 관한 오랜 연구에 의하면, 사람들은 개인적으로 공부하고 있는 자료에 관심을 가지고 자신의 삶을 위한 가치를 자료에서 찾을 때 더 잘 배운다. 다시 말해, 사람들은 그들이 배우고 있는 것에서 개인적 의미를 찾을 수 있을 때 그 자료를 이해하기 위해 더 열심히 배운다는 것이다.

밥이 독서 과제를 시작하기 전에 왜 그 수업이 그에게 유용한지 잠시 생각할 필요가 있다. 만약 여러분이 밥의 친구라면 그가 배우고 있는 것의 가치를 알도록 어떻게 도울 것인가? 다음 중 여러분이 밥과 함께 나누고 싶은 아이디어를 골라 체크해 보자.

☐ A. 이 일을 끝내는 것이 얼마나 좋은 기분일지 생각해 보고 해야 할 일의 목록에서 지울 수 있다고 말한다.
☐ B. 읽기자료에 감정적으로 관여하지 말라고 말한다. 그것은 단지 시험

을 위해 머리에 주입해야 하는 것이다.

☐ C. 아름다운 음악은 인간의 귀가 어떻게 작동하느냐에 달려 있으며, 아름다운 예술은 인간의 눈이 어떻게 작동하느냐에 달려 있기 때문에, 생물학에서 청각과 시각에 대해 배운다면 그것은 음악가이자 예술가로서 그에게 유용할 수 있다는 점을 말한다.

☐ D. 심각한 알레르기가 있기 때문에 면역체계가 어떻게 작용하는지 이해한다면 알레르기에 대한 통찰력을 얻을 수 있고, 심지어 그 강도를 줄이는 데 도움을 줄 수도 있다는 것을 말한다.

☐ E. (재치 있는 방법으로) 약간 과체중이기 때문에 인간의 소화 시스템이 어떻게 작동하는지를 이해하는 것이 도움이 될 수 있다는 것을 말한다.

☐ F. 운동을 좋아하기 때문에 운동선수가 힘을 쓸 때 신체가 어떻게 혈류 속도를 높이는지에 관심이 있을 수 있다는 것을 말한다.

선택지 A는 적당한 사랑의 충고처럼 보일지 모른다. 때때로 인생에서 어떤 일들은 하고 싶지 않아도 해야 하는 것이다. 하지만 이 접근법은 밥이 과목에 대한 관심을 찾도록 도우려는 우리의 목표에 맞지 않는다. 단지 빨리 해치우라고 말함으로써 우리는 밥에게 그 과목이 거의 가치가 없거나 매우 의미가 적다는 것을 확인시켜 줄 뿐이다. 저자는 선택지 B에도 비슷한 반대 의견을 가지고 있다. 하지만 선택지 C, D, E, F를 선택했다면, 여러분은 밥이 공부하고 있는 것에서 가치를 찾을 수 있도록 돕는 올바른 길을 선택한 것이다. 밥의 몸무게가 그에게 고통스러운 점이 될 수 있기 때문에 선택지 E를 조심스럽게 다루어야 하기는 하지만, 각각의 경우에서 여러분은 생물학이 그의 삶에서 소중히 여기는 무엇과 연관시키는 것을 돕고 있는 것이다. 간단히 말해서, 선택지 C, D, E, F는 성공적인 학생들의 동기 유발 습관을 반영하고 있다.

가치 습관

여러분은 방금 누군가에게 학습 동기를 유발하는 것에 있어 '사람들은 그들이 가치 있게 여기거나 개인적으로 관심을 가지고 있는 것을 더 잘 학습한다.'라는 중요한 교훈을 얻었다. 우리는 이것을 '가치 습관(value habit)'이라고 부르는데, 이는 성공적인 학생이 되기 위한 여정을 시작하기에 완벽한 장소이다. 여러분이 배우고 있는 자료가 여러분에게 어떤 가치를 가지고 있는지 잠시 생각해 보자. 유명한 교육학자 존 듀이(John Dewey, 1913)는 100년 전 집필한 책 『교육에 대한 흥미와 노력(Interest and Effort in Education)』에서 다음과 같이 언급했다. "만약 우리가 주어진 사실이나 아이디어에 대한 관심을 확보할 수 있다면, 우리는 그 학생이 그것들을 숙달하기 위해 자신의 에너지를 쏟아부을 것이라고 완전히 확신할 수 있을 것이다." 특히 지난 수십 년 동안 연구자들은 '학생들이 어떤 과목에 관심이 많을 때 더 깊이 학습한다.'는 설득력 있는 증거를 수집해 왔다(Alexander & Grossnickle, 2017; Renninger & Hidi, 2016; Wigfield, Tonks, & Klauda, 2016).

그렇다면 무엇을 해야 하는가

다음은 가치 습관을 개발하기 위한 방법들이다.

1. 책의 내용이나 강의 노트를 훑어보고 가장 흥미로운 3가지 부분의 목록과 각각에 대하여 여러분이 왜 관심 있는지를 작성하라.
2. 다음의 책 내용이나 강의가 여러분에게 왜 유용할지에 대하여 한 문단의 에세이를 작성하라.
3. 이 자료가 왜 흥미롭고 가치 있는지에 대하여 여러분이 작가 또는 강사인 것처럼 소개 글을 작성하라.

만약 이 3가지 방법이 모두 마음에 들지 않는다면 여러분 스스로 가치 습관을 개발할 수 있는 방법을 만들어 본다. 여러분만의 특정한 전략을 만드는 과정에서 다음 글상자에 작성된 일반적인 전략을 따라 해 본다.

글상자 1. 가치 습관 적용 방법

이렇게 하세요	이렇게 하지 마세요
잠시 시간을 내어 자료에서 개인적인 가치나 관심사를 찾으라.	자료가 지루할지라도 힘을 내라.

참 고 문 헌

Alexander, P. A., & Grossnickle, E. M. (2017). Positioning interest and curiosity within a model of academic development. In K. R. Wentzel & D. B. Miele (Eds.), *Handbook of motivation at school* (2nd ed.; pp. 188–208). New York: Routledge.

Dewey, J. (1913). *Interest and effort in education.* Boston: Houghton Mifflin Company.

Renninger, K. A., & Hidi, S. E. (2016). *The power of interest for motivation and engagement.* New York: Routledge.

Wigfield, A., Tonks, S. M., & Klauda, S. L. (2016). Expectancy-value theory. In K. R. Wentzel & D. B. Miele (Eds.), *Handbook of motivation at school* (2nd ed.; pp. 55–74). New York: Routledge.

성공 습관 #2
목표 습관:
학습 목표 설정하기

마지막 단어

캐시(Kathy)가 대학 진학을 위해 집을 떠나기 전 그녀의 아버지가 마지막으로 했던 말은 "우리가 너의 대학교육에 많은 돈을 쓰고 있으니 낙심하지 말아라."였다. 복잡한 용어와 긴 방정식 그리고 이해할 수 없는 개념들로 가득한 경제학 입문서의 첫 시험을 위해 자리에 앉은 그녀의 머릿속에는 그런 말들이 울려 퍼지고 있었다. 설상가상으로 그녀는 학급 친구들이 이미 그 과목에 대하여 잘 알고 있는 것처럼 보였던 수업 토론을 다시 떠올려 보았다. 교과서와 노트 공부라는 벅찬 과제에 직면한 캐시는 스스로 목표를 세웠다. 그녀는 심지어 그것을 책갈피로 사용하고 있는 카드에 적었다. '학급에서 가장 낮은 점수는 받지 말자.'

학습을 위한 목표

우리가 이 상황을 분석하기 전에 다음의 보기들 중에서 캐시에게 도움이 될 만한 목표를 체크해 보자.

☐ A. 나는 반에서 남들보다 낮은 점수를 받아서 나쁜 모습으로 보이는 것을 피하고 싶다.

☐ B. 나는 반에서 남들보다 좋은 점수를 받아서 좋게 보이고 싶다.

☐ C. 나는 내 자신의 만족을 위하여 이 과목을 완전히 이해하고 싶다.

만약 여러분이 선택지 A를 선택한다면, 여러분은 학습 목표를 세우는 것에 있어서 캐시와 같은 방식으로 접근하고 있는 것이다. 당신은 캐시의 상황을 보고 '적어도 캐시는 공부하려는 동기는 가지고 있네. 그녀는 계속 공부를 해야 하는 목표를 가지고 있어.'라고 생각하고 있을 수도 있다. 하지만 저자는 이 상황을 보았을 때 캐시가 성공적이지 못한 학생이 되고 있다는 생각을 하였다. 선택지 A는 **성과 회피 목표**(performance-avoidance goal)라고 할 수 있는 것을 반영하는데, 여기에서 목표는 나쁜 성적을 받는 것을 방지하는 것이다. 연구결과, 이 접근법의 문제점은 저조한 성과를 피하기 위한 학업적 목표가 일반적으로 학업적 성공과 연관되지 않는다는 것이다(Martin, 2013; Murayama, Elliot, & Friedman, 2012; Senko, 2016). 여러분이 '학급에서 가장 낮은 점수는 받지 말자.'라는 목표를 세웠다면, 여러분은 미래 학습을 지원하기 위해 확실한 지식 기반의 효과적인 학습 방법을 제공하지 않아도 되는 방법으로 학습하게 되는 것이다. 즉, 여러분은 단순히 낮은 점수 받는 것을 피하기 위한 단기적인 기술에만 집중하게 되는 것이다.

그렇다면 캐시가 다른 어떤 것을 할 수 있을까? 만약 여러분이 선택지 B를 선택한다면, 선택지 A와 마찬가지로 초점이 성적에 맞추어져 있긴 하지만, 선택지 B의 경우 여러분의 목표는 좋은 학습 성취를 얻는 것이다. 즉, 여러분은 학급의 다른 사람들보다 더 나아 보이고 싶은 것이다. 이는 캐시의 나쁜 선택에 대한 완벽한 대안인 것처럼 보일 수도 있다. 선택지 B가 선택지 A보다 나은 선택이라는 것에는 동의하지만, 이는 겉보기처럼 완벽한 대안은 아니다. 선택지 B는 **성과 접근 목표**(performance-approach goal)라고 불리는 것을 반영하는데, 여기서 여러분의 목표는 다른 학생들보다 좋은 성적을 받는 것과 같은 좋은 성과를 얻는 것이다. 이 경우, 캐시는 시험을 잘 보기 위해 노력하지만, 장기적으로는 그 과목을 배우는 데 관심이 없을 수도 있다. 설상가상으로 만약 캐시가 선택지 B를 선택한다면 그녀는 '성적만을 위한 사람'이 될 수도 있다. '성적만을 위한 사람'은 A등급을 너무 원해서 GPA(성적 평균)에 어떤 영향을 미치는지에 따라 교과목과 교사를 선택하고, 자격이 없는 경우에도 시험 점수를 더 받으려고 교사와 다투며, '그게 시험에 나올까?'라고 끊임없이 묻는 사람이 된다. '성적만을 위한 사람'은 어떤 것을 배우려고 하기보다는 자신의 이익만을 위해서 A등급을 받고 싶어 한다. 비록 캐시가 이런 사람이 되지는 않더라도, 과목을 깊이 이해하려고 노력하지 않아 미래 학습을 위한 확실한 방법을 제공하지 않을 수 있다는 선택지 B 자체의 문제가 존재한다. 더 좋은 성적을 얻으려는 노력이 단기간에 학업 성취도와 연관이 있다는 연구결과가 나왔기 때문에 선택지 B가 반드시 형편없는 접근법이라고 할 수는 없다(Martin, 2013; Murayama, Elliot, & Friedman, 2012; Senko, 2016). 확실히 여러분은 미래의 기회를 여는 데 성적이 중요할 수 있다는 점을 인정하며, 여러분이 원하는 성적을 얻을 수 있는 최고의 기회를 스스로에게 주는 것에 관심을 가져야 한다. 그러나 선택지 B에만 초점을 맞추는 것은 과목 영역에서 학습을 계속하겠다는 장기적인 약속으로 이어지지 않기 때문에 완벽한 접근법이 아닐 수 있다.

만약 여러분이 선택지 C를 선택한다면, 선택지 B와 아울러 여러분은 성공적인 학생이 되는 길에 있다고 말할 수 있다. 선택지 C는 **숙달 목표**(mastery goal)라고 부를 수 있는 것을 반영하는데, 여기에서 목표는 과목을 이해하려고 하는 것이다. 즉, 그 과목을 이해하려고 스스로 학습에 참여하는 것이다. 연구결과는 이 접근법이 연구 분야의 장기적인 성공 및 지속성과 관련이 있음을 보여 주고 있다(Martin, 2013; Murayama, Elliot, & Friedman, 2012; Senko, 2016). 여러분이 **숙달 목표**와 성과 접근 목표를 혼합한다면, 여러분은 단기적으로 좋은 성적을 받는 것뿐만 아니라 장기적으로 학습을 지속할 수 있다. 단기적으로, 숙달 목표는 미래에 여러분이 학습에 필요한 기초와 상황이 어려워질 때 동기 유발을 제공해 줄 수 있다.

목표 습관

캐시의 상황은 여러분의 학업 목표가 학업 성취와 관련이 있다는 중요한 시사점을 준다. 간단히 말해서, 목표 습관(goal habit)은 '사람들이 공부하고 있는 내용을 숙달하는 것이 목표일 때 더 잘 배운다.' 라는 것이다. 새롭게 배우는 내용에 직면했을 때, 그것을 완전히 이해하는 것에 여러분의 시야를 맞추어 본다. 단순히 시험을 잘 보기 위해서 암기하고 잊어버리는 것이 아니라 장기적으로 내용을 이해하고자 노력해야 한다. 예를 들어, 필요한 설명을 찾을 수 있도록 명확하게 해야 하는 부분을 주의 깊게 살펴야 한다. 이것은 여러분이 자신을 위해 특정한 학습 목표를 설정하고, 그것들을 충족시키는지 확인하기 위해 자신을 평가해야 한다는 것을 의미하기도 한다. 또한 여러분이 이미 알고 있는 내용과 연결해서 내용을 상세하게 설명해야 한다는 것을 의미한다. 이와 관련해서는 제3부에서 학습 전략을 방법 측면에서 탐색하고자 한다.

비록 연구자들 간에 성과 접근 목표의 역할에 대해서 합의하지는 못하였지만(Martin, 2013; Murayama, Elliot, & Friedman, 2012; Senko, 2016), 높은 학업 성과의 목표를 포함하도록 목표 원칙을 확장하는 것은 아마도 동의할 것이다. 간단히 말해서, 좋은 성적을 원하는 목표는 내용을 이해하려는 목표와 결합되었을 때 가장 잘 작용한다. 반대로, 숙달 목표 없는 성과 접근 목표는 여러분을 성공적이지 못한 학생이 되도록 이끌 수 있는 잠재력을 지니고 있다. 이는 미래에 여러분에게 학습을 위한 표면적인 지식만 남겨 줄 뿐, 공부를 계속할 동기를 주지 못한다.

성공적이지 못한 학생들은 다른 학생들보다 나쁜 성적을 받는 것을 피하거나, 오로지 다른 학생들보다 더 좋은 성적을 받기를 원함으로써(더 적은 노력을 들이면서 다른 이들과 비슷한 성적을 받기를 원하기도 한다) 성적에만 집중한다. 자신이 공부를 하는 기간과 그 이상의 긴 기간 동안 배움을 지속하는 성공적인 학생이 되고 싶다면, 자료의 내용을 잘 이해하고 싶다는 숙달된 목표를 가지고 학습 과제에 접근해야 한다. 성적이나 외부 평가를 잘 받는다는 목표를 추가하는 것도 학업 성취도와 관련이 있지만, 대신 성과 접근 목표를 자신의 숙달 목표와 연계하여 적용해야 한다.

그렇다면 무엇을 해야 하는가

목표 습관을 실행하기 위해서 여러분이 다음과 같은 전략을 사용해 볼 것을 추천한다.

1. 수업에서 자신의 학습 목표를 작성하라.
2. 공부를 하면서 숙달한 부분에는 체크를, 더 공부가 필요한 부분에는 동그라미를 그리라.
3. 방법을 다루는 이 책의 제3부에서 소개되는 10가지 학습 전략과 연관 지어 자신의 공부 시스템을 만들라.

이러한 전략은 여러분이 내용을 숙달할 수 있는 일반적인 목표에 초점을 두고 있다. 다음 글상자에 있는 요약을 참고한다.

글상자 2. **목표 습관 적용 방법**

이렇게 하세요	이렇게 하지 마세요
수업에서 무엇을 배우고 싶은지 명확히 하고, 그것을 배우기 위해 열심히 노력하라.	나쁘지 않은 정도의 성적을 받을 정도만 공부하라.

참 고 문 헌

Martin, A. J. (2013). Goal orientation. In J. Hattie & E. M. Anderman (Eds.), *International guide to student achievement* (pp. 353-355). New York: Routledge.

Murayama, K., Elliot, A. J., & Friedman, R. (2012). Achievement goals. In R. M. Ryan (Ed.), *The Oxford handbook of human motivation* (pp. 191-207). New York: Oxford University Press.

Senko, C. (2016). Achievement goal theory: A story of early promises, eventual discords, and future possibilities. In K. R. Wentzel & D. B. Miele (Eds.), *Handbook of motivation at school* (2nd ed.; pp. 75-95). New York: Routledge.

성공 습관 #3
믿음 습관:
노력은 배신하지
않는다고 믿기

민디의 수학 좌우명

민디(Mindy)는 전공 요건 중 하나로 이번 주부터 시작되는 '통계학 입문' 강좌에 등록해야 한다. 고등학교 내내 민디는 '나는 수학을 잘하지 못한다.'라는 생각 때문에 더 높은 수준의 수학 수업을 받는 것을 피해 왔다. 그녀는 심지어 '나는 수학을 싫어하지 않아. 수학이 나를 싫어하는 거야.'라는 수학 좌우명까지 만들었다. 그렇다면 그녀는 이제 어떻게 해야 할까? 그녀는 통계학에서 추가적인 선택 과목을 수강하지 않을 것이기 때문에, 통계학 입문 수업을 듣지 않을 수 있도록 학교 상담사를 설득하려고 애썼다. 벅찬 통계학 과목을 수강해야 하는 상황에 직면한 민디는 수업에 너무 많은 시간을 들이지 않고 수업을 듣고 책 읽는 정도만 해야겠다고 생각했다. 그녀는 자신이 그 과목에서 아무리 열심히 공부하더라도 잘 할 수 없을 것이라 생각하여 제한된 시간을 자신이 잘 할 수 있는 다른 과목들을 위해 공부하는 데 사용해야 한다고 스스로를 확신시켜 왔다. 결국 통계학은 그녀가 들어야 하는 과목 중 하나일 뿐이기 때문에 그녀에게 더 적합한 다른 과정들을 열심히 하는 것에 집중할 것이다.

학습에 대한 믿음

언뜻 보기에는 민디의 계획이 꽤 타당해 보일지도 모른다. 그녀의 시간이 제한되어 있고 통계 수업을 위한 공부에 너무 많은 시간을 쓰는 것은 낭비일 수 있기 때문에 여러분은 그녀가 실제로 잘할 수 있는 다른 과목에 시간을 보내는 것이 더 낫다는 그녀의 주장을 받아들일 수 있을 것이다. 잘하는 것을 고수하고 못하는 것을 피한다는 것은 제한된 시간을 효율적으로 사용하는 것의 문제이다. 이는 합리적인 논쟁으로 보일지 모르지만, 이 부분에 대해 학생 시절에 민디가 접근한 방식에 있는 함정을 보여 주고자 한다. 그것은 여러분의 신념이 모두 학업 성공과 관련되어 있다는 것으로 귀결된다.

민디의 계획에 대하여 분석하기 전에 다음의 보기 중 여러분이 동의하는 말에 체크해 보자.

☐ A. 민디의 통계학 성적은 주로 그녀의 수학적 능력에 달려 있다.

☐ B. 민디의 통계학 성적은 주로 공부에 얼마나 많은 노력을 기울이느냐

에 달려 있다.

☐ C. 만약 민디가 열심히 노력한다면, 그녀는 실제로 통계학 과목에서 그 내용을 배울 수 있을 것이다.

☐ D. 아무리 노력해도 민디는 통계학 과목에서 그다지 잘하지 못할 것 같다.

☐ E. 만약 민디가 통계학에서 첫 번째 시험에 떨어진다면, 그것은 그녀가 충분히 열심히 공부하지 않았기 때문이다.

☐ F. 만약 민디가 통계학에서 첫 번째 시험에 떨어진다면, 그것은 그녀의 수학 능력이 떨어지기 때문이다.

민디의 공부 계획은 통계를 배우는 능력에 대한 그녀의 믿음에 기초한다. 선택지 A, D, F는 통계학 학생으로서 자신에 대한 믿음의 측면을 반영한다. 만약 여러분이 A, D, F에 반영되는 것과 같은 믿음을 가지고 있다면, 여러분은 성공적이지 못한 학생이 되는 길에 놓여 있는 것이다. 그 이유를 설명하면 다음과 같다.

첫 번째로, 선택지 A와 B는 민디의 **마음가짐**을 반영한다. 즉, 그녀가 그녀의 인지 능력이 고정되어 있다고 생각하는지 또는 변할 수 있다고 생각하는지에 관한 것이다(Dwyer, 2016). 선택지 A에 반영된 것처럼 **고정된 마음가짐**은 기본적인 자질은 발전하고 변화할 수 있기보다는 영구적이라는 믿음에 기초한다. 예를 들어, 여러분이 수학을 잘하거나 못하는 것은 바꿀 수 없다는 믿음이다. 선택지 B에 반영된 **성장하는 마음가짐**은 여러분이 기본 자질을 발달시킬 수 있고 경험을 통해 바꿀 수 있다는 믿음에 기초한다. 그 예는 여러분이 노력을 통하여 수학 능력을 향상시킬 수 있다는 믿음이다. 연구결과는 성장하는 마음가짐을 가지고 있는 사람이 학문적 성공을 이룰 가능성이 더 높다는 것을 보여 주고 있다. 하지만 많은 학생은 학업적 성공에 부정적인 영향을 주는 마음가짐을 가지고 있다 (Dwyer, 2016). 성장하는 마음가짐은 학생들이 어떤 과목에 대하여 열심히 공부할 동기를 유발해 주고, 이에 따라 더 나은 학습의 결과를 보여 준다.

두 번째로, 선택지 C와 D는 민디의 **자아 효능감**(self-efficacy)을 반영한다. 자아 효능감이란 특정한 임무를 완수할 수 있는 능력에 대한 자신의 믿음을 의미한다(Schunk & DiBenedetto, 2016; Schunk & Usher, 2012). 선택지 D에 반영된 낮은 자아 효능감은 통계에서 제대로 수행할 수 있는 능력이 없다고 믿는 것과 같이, 자신이 어떤 일을 잘할 수 있는 능력이 부족하다고 생각하는 것이다. 선택지 C에 반영된 높은 자아 효능감은 통계에서 잘할 수 있다고 믿는 것과 같이 어떤 일을 성공적으로 수행할 수 있다고 생각하는 것이다. 자아 효능감은 일반적으로 자아 개념이 아니라 통계학 입문 수업을 듣는 것과 같은 특정 과제를 수행하는 능력에 대한 믿음이라는 점에 유의해야 한다. 연구결과는 학업 성공이 자아 효능감과 관련 있다는 것을 보여 주는데, 높은 자아 효능감은 높은 학업 성취도와 연관되어 있다(Schunk & DiBenedetto, 2016; Schunk & Usher, 2012). 자아 효능감이 높은 사람은 어려운 개념을 배우려고 열심히 노력하거나 도전적인 일을 계속하려고 할 가능성이 더 높다.

세 번째로, 선택지 E와 F는 시험 성과에 대한 민디의 속성을 반영한다. 즉, 자신의 능력이나 노력 때문에 시험에 성공하거나 실패한다고 생각하는 것이다. 선택지 F에 반영된 것처럼, 능력에 기반을 두고 있는 속성은 학업의 성공이나 실패는 개인의 능력에 달려 있다는 믿음을 반영하기 때문에, 공부에 노력을 기울이는 것은 어떤 영향도 미치지 않을 것이라는 것을 암시한다. 선택지 E에 반영된 것과 같은 노력에 기반하는 속성은 학업 성취도가 자신이 얼마나 열심히 공부했는지를 반영한다는 믿음이기 때문에 열심히 노력하는 것은 긍정적인 영향을 미칠 것이라는 것을 암시한다. 연구결과는 노력 기반의 속성이 더 나은 학업적 성취와 관련되어 있기 때문에 학생들에게 더 생산적이라는 것을 보여 주고 있다(Graham & Taylor, 2016). 간단히 말해서, 만약 시험 점수가 여러분이 얼마나 공부하는지에 달려 있다고 믿는다면(즉, 열심히 공부하면 효과가 있을 것이라 믿는다면), 여러분이 그 과목을 학습하는 데 있어서 더 많은 노력을 기울일 동기가 생길 것이다.

믿음 습관

민디가 통계학 공부를 피하려고 하는 것은 그녀가 과목을 학습하는 데 있어서 필요한 노력이나 자신의 능력을 믿지 않기 때문이며, 이는 곧 성공적이지 못한 학생이 되는 것이라고 말할 수 있다. 그녀의 이야기 교훈은 믿음 습관(belief habit)이다. 사람들은 마음이 변하지 않는다고 믿을 때보다 성장할 수 있다고 믿을 때, 노력하면 특정한 일을 성취할 수 있다고 믿을 때, 그리고 학업적 과제의 실패와 성공이 능력보다는 노력에 주로 의존한다고 믿을 때, 더 잘 학습한다. 간단히 말해, 성공적인 학생이 되기 위한 길은 학습자로서 자신의 믿음에 대해 열심히 생각하는 것에서부터 시작된다. 학업적 성공에 관한 한 여러분이 가질 수 있는 가장 생산적인 믿음은 '내가 충분히 열심히 노력하면 배울 수 있다.'는 것이다. 즉, 성공적인 학습자가 되기 위해서는 노력을 학업적 성공의 방법으로 받아들여야 한다.

그렇다면 무엇을 해야 하는가

여러분의 생산적인 신념을 발달시키기 위하여 다음과 같은 전략들을 이용해 보는 것을 추천한다.

1. 열심히 노력해서 도전적인 학문적 목표를 달성한 시기에 대해 간단한 에세이를 작성하라.
2. 열심히 공부하여 학습 과제를 성공시킬 수 있는 방법에 대해서 간단히 작성하라.
3. 공부 중에 "할 수 있어."라고 말하는 것과 같은 긍정적인 자기대화에 참여하라.
4. 여러분이 이 일을 잘할 수 있다는 것을 알고 있고 여러분이 노력하도록 격려해 주는 사람들과 함께 어울리라.
5. 방법을 다루는 이 책의 제3부에서 소개되는 10가지 학습 전략과 연관 지어 자신의 공부 시스템을 만들라.

전반적으로, 여러분은 학생으로서 가장 중요한 자산이 열심히 노력하려는 '의지'라는 것을 알아야 한다. 이 믿음 습관과 함께, 이 책의 기회와 방법 부분에서 논의한 것과 같이 여러분의 노력을 가장 효과적으로 사용하는 데 도움이 되는 관리 및 학습 습관들이 필요하다. 믿음 습관을 구현하기 위한 구체적인 방법을 선택할 때, 다음 글상자에 있는 요약을 참고해 본다.

글상자 3. 믿음 습관 적용 방법

이렇게 하세요	이렇게 하지 마세요
잠시 시간을 내어 학습자로서의 자신에 대한 개인적인 견해를 명확히 하고, 개인적인 노력의 역할을 생각하라.	자신의 능력에 따라 얼마나 잘 배우느냐가 결정된다는 생각으로 학습 과제에 임하라.

참 고 문 헌

Dwyer, C. S. (2016). *Mindset: The new psychology of success*. New York: Ballantine Books.

Graham, S., & Taylor, A. Z. (2016). Attribution theory and motivation in school. In K. R. Wentzel & D. B. Miele (Eds.), *Handbook of motivation at school* (2nd ed.; pp. 11-33). New York: Routledge.

Schunk, D. H., & DiBenedetto, M. K. (2016). Self-efficacy theory in education. In K. R. Wentzel & D. B. Miele (Eds.), *Handbook of motivation at school* (2nd ed.; pp. 34-54). New York: Routledge.

Schunk, D. H., & Usher, E. L. (2012). Social cognitive theory and motivation. In R. M. Ryan (Ed.), *The Oxford handbook of human motivation* (pp. 13-27). New York: Oxford University Press.

성공 습관 #4
위협 대응 습관:
도전감 즐기기

첫날

카렌(Karen)은 여름 동안 지역 중학교에서 첫 컴퓨터 과학 수업을 듣고 있다. 수업 첫날인데, 그녀는 첫 번째 줄에 좋은 자리를 잡기 위해 수업에 일찍 들어갔다. 교실에 학생이 가득 차기 시작하자 그녀는 친숙한 얼굴을 찾지 못한 채 주위를 둘러본다. 그녀는 교실 안이 대부분 젊은 남학생들로 가득 차 있다는 것을 눈치챘다. 모두 코스를 파고들 준비가 되어 있는 것처럼 보인다. 그녀는 '저들이 나보다 이 코스에 더 잘 준비되어 있나?'라고 궁금해한다. 교실 여기저기에 몇 명의 여학생이 간간이 있지만, 카렌은 그들이 어울리지 않는 곳에 있다고 생각한다.

강사 핑크스태프(Pinkstaff)는 연단에 서서 환영하는 미소도 없이 그의 노트를 훑어보고 있다. 카렌은 컴퓨터 과학부의 교수진을 보기 위해 스마트폰을 사용한다. 교직원 20명 중 그녀는 오직 2명의 여자만 보았는데, 그들 중 1명은 임시 강사이다. 약간 메스꺼움을 느끼기 시작한 그녀는 컴퓨터 과학 입문 시간에 앉아 있다고 말하면서 친구 캐롤(Carol)에게 문자를 보낸다. 캐롤은 카렌이 찾고 있는 방법을 제대로 말해 주진 못했지만, 그녀는 "너는 왜 그러려고 해?" 하며 답장을 보낸다.

그녀의 머릿속에는 다음과 같은 생각이 흐르기 시작한다. '내가 여기에 속할 수 있을까?' '여학생들이 컴퓨터 과학에서 성공할 수 있을까?' '이걸 다시 생각해야 할까?'

그녀의 논리는 다음과 같다. 여자는 컴퓨터 과학을 아주 잘하지 못한다. 나는 여자이다. 그러므로 나는 아마도 그렇게 잘 하지 못할 것이다.

카렌의 논리에 무슨 문제가 있을지 생각해 보자.

학습에 대한 위협

분명히 카렌은 코스를 시작하기도 전에 이 점으로부터 위협을 느끼고 있었다. 그녀는 그것에 대해 어떻게 해야 할까? 그녀가 해야 한다고 생각하는 행동 옆에 체크해 보자.

☐ A. 카렌의 논리는 틀리지 않으니, 그녀는 그 과정을 그만둬야 한다.

☐ B. 여성들은 남성들만큼 컴퓨터 과학을 잘하지 못하기 때문에 카렌과 같은 여성들은 컴퓨터 과학 과목에서 뛰어나기를 기대해서는 안 된다.

☐ C. 카렌은 자신이 무엇을 하든 반 친구들보다 더 나쁜 성적을 낼 가능성이 있어서 그녀가 많은 노력을 기울이는 것은 아마도 도움이 되지 않을 것임을 깨달아야 한다.

☐ D. 카렌은 여성들이 컴퓨터 과학에서 뛰어날 수 없다는 생각이 거짓말이라는 것을 스스로에게 말해야 한다.

☐ E. 카렌은 이 수업을 그녀가 만날 수 있는 도전으로 보고 최선을 다하기 위해 열심히 노력해야 한다.

이러한 **고정관념의 위협**이라고 불릴 수 있는 선택지들은 카렌의 학습 동기에 영향을 미친다. 만약 여러분이 학업적 환경에서 **고정관념의 위협**을 경험한다면(Master, Cheryan, & Meltzoff, 2016; Steele, 2010), 여러분은 여성이 능력이 부족하여 컴퓨터 과학에서 잘하지 못한다고 믿는 그룹의 1명이라는 것을 의미하고, 선택지 A, B, C는 적절하지 않은 것으로 생각할 수 있다. 연구에 따르면, 학생들이 그들의 그룹에 대한 부정적인 고정관념을 받아들일 때, 선택지 C에 반영되는 것처럼 배우고 수행하는 데 더 적은 노력을 기울일 수 있다(Master, Cheryan, & Meltzoff, 2016; Steele, 2010). 그들은 심지어 스스로 학업 성취도를 거의 불가능하게 만드는 **자기 불구화**에 관여할 수도 있다. 그래서 그들은 성적 부진에 대한 준비된 변명을 항상 가지고 있다. 그룹에 대한 부정적인 고정관념을 믿는 것은 여러분을 성공적이지 못한 학생으로 만들 수 있다.

이와는 대조적으로, 고정관념에서 벗어난 선택지 D와 E에 비추어 볼 때, 학습에 대한 고정관념이 없는 접근법을 취한다면 학습에 대한 동기 유발이 더 잘 될 수 있다. 만약 여러분이 정말로 성공적인 학생이 되고 싶다면, 여러분의 학습을 향상시키기 위한 노력의 힘에 관한 고정관념을 믿지 않는 것이다.

여러분은 카렌이 제시하는 논리의 각 단계에서 무엇이 잘못되었는지를 신중하게 고려함으로써 고정관념의 파괴적인 힘에 대항할 수 있다.

1. '여자들은 컴퓨터 과학에서 그렇게 잘하지 못한다.' 이 문제의 진실은 거의 모든 과목에서 여성이 남성보다 더 좋은 성적을 받는 경향이 있다는 것이다. 기회가 주어졌을 때, 여성들은 컴퓨터 과학 분야에서 매우 성공적이었다. 따라서 첫 번째 단계는 이 고정적 관점의 전제를 거부하는 것이다.

2. '난 여자이다.' 확실히 이것은 카렌에게 사실이지만, 그녀는 수학에 뛰어난 배경과 특히 로봇공학에 대한 강한 관심을 가진 개인이기도 하다. 따라서 두 번째 단계는 그녀가 컴퓨터 과학에서 성공하기 위해 필요한 것을 가지고 있다고 그녀 스스로 믿는 것이다.

3. '나는 아마 그렇게 잘 하지 못할 거야.' 만약 이 진술을 카렌이 받아들인다면, 그녀는 그 과정에서 거의 노력을 기울이지 않을 것이다. 대신 카렌에게 훨씬 더 생산적인 견해는 그녀가 열심히 노력하면 그 과정에서 잘 할 수 있다는 것이다.

카렌과 같은 학업 상황에서는 다음 2가지 해석 중 하나를 선택해야 한다. 여러분은 위협을 느낄 수도 있고, 도전을 느낄 수도 있다. 자신에게 위협을 느끼도록 내버려 두면 여러분은 열등감을 느끼게 되고, 노력을 덜 하게 되며, 형편없이 노력함으로써 가짜 고정관념을 충족시킬 수 있다(Jamieson, 2017). 만약 여러분이 도전을 느낀다면, 더 많은 동기 유발을 하고, 더 많은 노력을 하고, 더 나은 학업 성과를 달성할 가능성이 있다(Jamieson, 2017). 즉, 상황에 대한 해석은 여러분이 얼마나 열심히 배우려고 노력하느냐에 영향을 줄 수 있고, 그것은 여러분의 학업 성과에 영향을 미칠 수 있다.

위협 대응 습관[1]

고정관념 위협의 파괴력에 대한 연구는 다음과 같은 위협 대응 습관(treat habit)을 발생시킨다(Jamieson, 2017; Master, Cheryan, & Meltzoff, 2016; Stelle, 2010). 사람들은 학습 능력에 대한 고정관념을 믿는 함정을 피할 때 더 잘 학습한다. 특히 학습 과제에 위협감을 느낄 때보다 도전감을 느낄 때 더 잘 배운다. 카렌의 상황이나 여러분이 괴롭다고 느끼는 학습 상황에 대한 적절한 대응은 학습 내용에 대한 공부를 자신의 노력을 통해 성취할 수 있는 도전으로 보는 것이

---

1) 역자 주: 저자는 원서에서 사람들이 학습 능력에 대한 고정관념을 믿는 위협에 대응할 때 더 잘 학습한다고 설명하면서 이를 'treat habit'으로 제시하고 있다. 하지만 본문의 내용을 자세히 읽지 않고 제목만 본 독자에게 '위협 습관'은 저자의 의미를 정확하게 해석하지 않고 오해할 여지가 농후하다. 이에 이 책에서는 의미의 혼란을 방지하기 위해 'treat habit'을 본질적 의미에 부합하게끔 '위협 대응 습관'으로 번역하여 사용하고자 한다.

다. 학습자로서 자신에 대한 생각은 학습 의욕에 기여하는 중요한 요소이다. 고정관념 위협에 대한 우리의 싸움을 위해 다음과 같은 조언을 고려해 볼 수 있다. 학습자로서 자신에 대한 생각을 흐리게 하는 추악한 고정관념에 대처할 수 있는 방법을 개발해 보는 것이다. 여러분은 자신을 열심히 노력하면 성공할 수 있는 유능한 학습자로 바라봐야 한다.

그렇다면 무엇을 해야 하는가

학습 과제에 위협을 느낄 경우 이에 대응하기 위해 다음과 같은 전략들을 이용해 본다.

1. 만약 여러분이 자신의 능력에 의문을 품고 있다면, 믿음 습관에 대한 몇몇 제안을 뒤로 미루고 '성공 습관 #3 믿음 습관: 노력은 배신하지 않는다고 믿기'를 따라 하라.
2. 만약 여러분이 불안감에 시달리고 있다면, 심호흡을 하고 불안 습관에 대해 제시되어 있는 '성공 습관 #9 불안 관리 습관: 걱정 비우기'의 몇 가지 제안을 따라 하라.
3. 고정관념을 버리고 싶지만 어떻게 해야 할지 잘 모르겠다면, 소매를 걷어붙이고 '성공 습관 #11~20'에 제시된 10가지 학습 습관을 점검하라.

위협 대응 습관은 믿음 습관의 연장선이기 때문에 여러분은 2가지 모두 사용해 볼 수 있다. 여러분의 전략은 다음 글상자에 설명된 일반적인 접근 방식을 기반으로 해야 한다.

글상자 4. 위협 대응 습관 적용 방법

이렇게 하세요	이렇게 하지 마세요
여러분이 충분히 열심히 노력하면 성공할 수 있는 유능한 학습자라고 생각하라.	다른 사람들에게 여러분이 얼마나 훌륭한 학습자인지 정의하게 하라.

참 고 문 헌

Jamieson, J. P. (2017). Challenge and threat appraisals. In A. J. Elliot, C. S. Dweck, & D. S. Yaeger (Eds.), *Handbook of competence and motivation* (2nd ed.; pp. 175–191). New York: Guilford.

Master, A., Cheryan, S., & Meltzoff, A. N. (2016). Motivation and identity. In K. R. Wentzel & D. B. Miele (Eds.), *Handbook of motivation at school* (2nd ed.; pp. 300–319). New York: Routledge.

Steele, C. M. (2010). *Whistling Vivaldi and other clues to how stereotypes affect us.* New York: W. W. Norton & Company.

제2부

학습 **기회**를 위한
성공 습관

성공 습관 #5
시간 습관:
공부할 시간 확보하기

재빠른 에디

에디(Eddie)는 필요하지 않은 공부를 하면서 시간을 낭비하는 것을 좋아하지 않는다. 시간을 효율적으로 사용하려고 노력한다. 지루한 강의를 들으러 가는 대신 집에서 노트북으로 2배속 강의를 시청한다. 이렇게 하면 높은 톤의 소리로 다람쥐가 말하는 것처럼 들리지만, 교수의 지혜로운 말씀을 듣는 데 절반의 시간만 걸린다. 그는 강의를 들으면서 교수의 말을 노트에 한 단어씩 적어 강의마다 한두 페이지씩 필기한다. 다음으로 교재를 페이지당 1분씩 시간을 들여 읽고, 손에 쏙 들어오는 노란색 형광펜을 사용하여 교재를 훑어보면서 마음대로 중요한 내용을 표시한다. 시험 공부를 할 때에는 노트에 쓴 메모와 교재에 밑줄 친 내용을 살펴본다. 에디의 효율적인 공부 스타일로 친구들은 **재빠른 에디**(Fast Eddie)라고 부르고 그는 그 별명을 명예의 상징으로 생각한다.

학습할 시간

여러분은 수업에 대한 에디의 접근 방식을 보고 그가 잘하고 있다고 말할지 모른다. 그는 매우 효율적인 방식으로 시간을 보내고 있다. 그는 좋은 학생의 전형이다. 그런데 에디가 하는 학습 방법을 보면, 실패하는 학생이 되는 길에 서 있는 것처럼 보인다.

에디의 학업 성취에 중요하다고 생각하는 요소를 체크하면서 시작해 보자.

☐ A. 교재에서 중요한 부분 강조

☐ B. 강의 중 중요한 부분 기록

☐ C. 실제로 가서 강의를 듣지 않고 강의 영상을 보는 것

☐ D. 생산적인 학습에 몰두하며 시간을 사용하는 것

A 또는 B에 체크했다면 다소 비효율적인 학습 전략을 선택한 것이다. 이 책의 제3부에서 방법에 대해 설명한 연구에 따르면 이러한 학습 전략은 심층 학습을 촉진하기 위한 이상적인 전략이 아니다. 이 내용은 제3부에서 방법에 대해 설명하면서 더 자세히 설명할 것이다. 마찬가지로 C는 MOOC(Massive Open Online Courses)를 포함한 온라인 과정의 인기에도 불구하고 이것이 좋은 전략이라는 주장을 뒷받침할 수 있는 강력한 근거가 제시되지 못하고 있다. 오해는 금물이다. 동영상 강의로 배우는 것은 대면 강의로 배우는 것만

큼 효과적일 가능성이 높지만, 2배속으로 재생할 경우에는 대면 강의에 비해 학습을 향상시킬 가능성은 거의 없다. 이제 우리에게는 학습을 실질적으로 향상시키는 것으로 나타난 선택지 D가 유일하게 남았다. 저자가 보기에 에디는 학습을 향상시키는 데 효과적이지 않은 선택지 A, B, C를 선택하였기 때문에 실패한 학생이 될 가능성이 높다. 대신 그는 학습에 충분한 시간을 사용하지 않음으로써 스스로에게 충분한 기회를 제공하지 않는 것이다(선택지 D). 학습에 충분한 시간을 사용하는 것은 성공적인 학생이 되는 충분 요소이다(van Gog, 2013). 성공적인 학생이 되려면 학습에 충분한 시간을 할당하는 선택지 D를 선택하고 집에서 공부해야 한다.

시간 습관

재빠른 에디의 사례는 학습의 조건으로서 시간의 중요한 역할을 강조한다. **시간 습관**(time habit)에 따르면(오랫동안 지속되어 온 **총 시간 가설**도 마찬가지이다), 학습에 집중하는 시간이 더 많을수록 더 많이 배우게 된다. 이는 독일 심리학자 헤르만 에빙하우스(Hermann Ebbinghaus)가 1885년에 집필한 저서인 『기억(Memory)』에서 보고한 초기 연구까지 100년 이상 거슬러 올라가는 학습의 기본 원칙 중 하나이다. 에빙하우스(1885/1964)는 무의미한 음절 목록(각 자음과 모음, 자음으로 구성됨)을 읽은 다음, 하루 후에 기억하려고 했다. 그가 목록을 더 많이 연습할수록 하루 후에 단어를 더 잘 기억했다.

간단히 말해서, 그는 처음으로 공부하는 시간과 시험에서 기억하는 양 사이에 직접적이고 긍정적인 관계가 있음을 보여 주었다.

그 이후로 학습에 대한 연구는 공부하는 시간이 학교 시험 성적과 정적 상관관계가 있음을 확인시켰다(Ericsson & Pool, 2016; van Gog, 2013). 그러나 모든 형태의 연습이 동등하게 효과적인 것은 아니라는 점에 유의해야 한다. 연구에 따르면, 학습 시간은 **몰입된 학습 시간**(engaged learning time)과 같이 핵심 내용을 이해하기 위해 적극적으로 참여할 때(van Gog, 2013), 그리고 **의도적 연습**(deliberate practice)과 같이 여러분이 어떻게 하고 있는지에 대한 자세한 피드백을 가지고 높은 수준의 도전적 과제를 의도적으로 연습할 때(Ericsson & Pool, 2016) 가장 생산적이라고 한다.

요컨대, 시간 원리에 따라 생산적인 공부에 충분한 시간을 할애하는 것이 좋다. 기회에 대한 제2부에서 우리는 학습을 촉진하는 조건에 초점을 맞추고 있다. 새로운 것을 배울 기회를 갖는 데 가장 기본적인 요소는 배울 시간을 충분히 할당하는 것이다. 학습에는 시간이 걸린다. 학습할 시간을 확보할 때 성공적인 학습자가 되는 길에 서 있는 것이다(그 시간을 생산적으로 사용하는 방법은 방법에 대한 제3부의 주제이다).

그렇다면 무엇을 해야 하는가

시간 습관을 지원하기 위해서는 다음과 같은 방법을 고려하는 것이 좋다.

1. 특정 자료의 공부 시간을 달력에 따로 표시하라.
2. 가능하면 매주 같은 시간을 따로 떼어서 일정에 맞춰 공부하
   는 리듬에 익숙해지도록 하라.
3. 가능하면 각 시간대에 공부할 구체적인 내용을 표시하라.
4. 필요에 따라 학습 일정을 조정하거나 추가하라.

시간은 학업의 성공 세계에서 귀중한 자원이므로 신중하게 관리
해야 한다. 다음 글상자에 요약된 일반적인 방법을 따라 해 본다.

글상자 5. **시간 습관 적용 방법**

이렇게 하세요	이렇게 하지 마세요
공부할 시간을 포함하여 일정을 계획하라.	공부에 할당하는 시간을 최소화하라.

참 고 문 헌

Ebbinghaus, H. (1885/1964). *Memory*. New York: Dover.

Ericsson, A., & Pool, R. (2016). *Peak: Secrets from the science of expertise*. New York: Houghton Mifflin Harcourt.

van Gog, T. (2013). Time on task. In J. Hattie & E. M. Anderman (Eds.), *International guide to student achievement* (pp. 432–433). New York: Routledge.

성공 습관 #6
분산 습관:
공부할 시간 분산하기

광기 어린 중간고사 기간

미적분 시험이 월요일에 예정되어 있다. 시험 범위는 4개의 장과 8개의 강의이다. 매디(Maddie)는 책을 읽고 강의를 들었지만 그 이상 준비하지 않았다. 일요일에 깨어 있는 동안 모든 시간을 시험 공부에 할애하거나, 현실적으로 4시간 이상을 공부하기로 계획했다. 일요일이 되었을 때, 매디는 오후 8시부터 자정까지 수업 노트와 교재에 자신이 형광펜으로 표시한 부분을 공부했다. 4시간 공부 끝에 지친 그녀는 시험 준비를 성공적으로 마쳤다고 생각하며 잠자리에 든다.

학습을 위한 시간 배치

매디의 중간고사에 대한 접근 방식, 즉 모든 공부 시간을 시험 당일 직전에 할애하여 큰 노력을 기울이는 방식은 효과적인 공부법에서 완전히 벗어나는 것이다. 이것이 합리적인 접근 방식이라고 생각할 수도 있다. 다음 중 여러분에게 의미가 있다고 생각하는 문장에 체크해 보자.

☐ A. 시험을 위해 한 번에 모든 것을 공부하는 것이 가장 좋다. 그러면 중단한 부분부터 다시 시작하는 데 시간을 낭비하지 않아도 된다.

☐ B. 잊어버리는 일이 없도록 시험 직전에 공부하는 것이 좋다.

☐ C. 분산 연습이 집중 연습보다 더 효과적이다.

☐ D. 마감일 직전에 과제를 완료하는 것은 성적이 좋지 않은 학생의 특징이다.

매디의 접근 방식은 한 번에 또는 집중된 기간에 학습하는 방식(예: 매디의 경우 한 번에 4시간의 공부 시간)으로, 이를 **집중 연습**(massed practice)이라 한다. 대안적인 접근 방식은 **분산 연습**(space practice)으로, 사용 가능한 학습 시간을 시간에 따라 분산하여 더 짧은 기간으로 나누는 것(예: 매디의 경우 4일 동안 매일 1시간씩 학습)을 의미한다. 분산 연습이 효과적이라는 사실에 대해서는 100년 전부터 지속된 연구가 강력히 뒷받침한다(Brown, Roediger, & McDaniel, 2014;

Dunlosky, Rawson, Marsh, Nathan, & Willingham, 2013; Ebbinghaus, 1885/1964; Mayer, 2011). 한 번에 긴 시간을 집중해서 공부하는 것보다 공부하는 시간을 분산하여 여러 번에 걸쳐 공부하면 더 많은 것을 배울 수 있다. 요컨대, 학습과학 연구자들은 분산 연습이 집중 연습보다 더 효과적이라는 점에 의견을 모은다(Brown, Roediger, & McDaniel, 2014; Dunlosky, Rawson, Marsh, Nathan, & Willingham, 2013; Ebbinghaus, 1885/1964; Mayer, 2011). 보다시피 매디의 학습 계획은 이러한 연구 기반 조언을 위반하고 실패한 학생의 학습 습관을 보여 준다. 반대로, 성공적인 공부를 위해 근거 기반 접근을 하고 싶다면 A를 선택하지 말고 C를 선택해야 한다.

왜 분산 연습이 집중 연습보다 더 효과적인가? 1가지 설명은 한 세션에서 같은 자료를 높은 수준의 강도로 반복적으로 공부를 하면 공부에 대한 흥미를 잃는다는 것이다. 분산 연습을 하면 동일한 자료를 공부할 때마다 기억에서 그것을 찾는 새로운 방법을 만들게 되지만, 집중 연습을 하면 같은 방식으로 자료를 저장하고 검색하게 되기 때문에 덜 효과적이다.

매디의 접근 방식의 두 번째 요소는 B에 반영된 것처럼 마감일 훨씬 전보다 마감일 직전에 공부하는 것이다. 매디는 하루 안에 모든 것을 잊어버리므로 며칠 전보다는 시험 직전에 혹은 몇 주 전에 벼락치기를 하는 것이 합리적이라고 말한다. 표면적으로, 그녀는 기억된 자료에 대해 망각이 매우 빠르게 발생하고 대부분의 망각이 하루 이내에 발생한다는 것을 보여 주는 고전적 연구를 바탕으로 하고 있는 것처럼 보인다. 그러나 그 고전적인 연구를 자세히 살펴보면 1시간 이내에도 암기된 내용을 많이 잊어버리는 것을 볼 수 있으므로 벼락치기가 그다지 실용적인 접근 방식이 아니라는 결론을 내릴 수 있다.

훨씬 더 성공적인 접근 방식은 방법에 대한 제3부의 설명과 같이 암기 이외에 더 다양한 학습 방법을 사용하는 것이다. 이 방법은 훨씬 더 오래 지속되고 일주일 이상의 지연 검사에서 더 효과적인 것으로 나타났다. 예를 들어, 최근 연구에 따르면 마감일로부터 하루 이내에 숙제를 완료한 학생들은 마감일보다 훨씬 전에 숙제를 완료한 학생들보다 수업에서 더 낮은 점수를 받았다(Rawson, Stahovich, & Mayer, 2017). 이것이 벼락치기가 성공적이지 못한 공부 습관으로 판명되는 이유이며, 저자가 여러분에게 D를 선택하기를 바랐던 이유이다.

분산 습관

매디의 '한꺼번에 벼락치기로 공부하자.'는 계획에서 무엇을 배울 수 있는가? 그녀는 시험 전날의 영광스러운 벼락치기에 모든 시간을 집중하기보다 공부 시간을 미리 따로 확보해야 했다. 그녀의 성공하지 못한 공부 습관은 분산 습관(spacing habit)의 장점을 보여주는 데 도움이 된다. 사람들은 동일한 양의 공부 시간을 하나의 긴 세션에 할당할 때보다 시간이 지남에 따라 여러 개의 짧은 세션에 공부 시간을 할당할 때 더 잘 배운다. 연구에 따르면 학생들은 불행히도 성공적인 학습 습관으로서 분산 연습의 이점을 인식하지 못하고 있으며, 오히려 일부 학생은 집중 연습을 통한 학습을 더 높게 평가하기도 한다(Brown, Roediger, & McDaniel, 2014; Dunlosky, Rawson, Marsh, Nathan, & Willingham, 2013). 마찬가지로 연구결과에 따르면, 학생들은 시험 날짜가 다가올수록 공부 시간에 집중하는 경향이 있다(Rawson, Stahovich, & Mayer, 2017). 집중(그리고 벼락치기)에 대해 실패한 습관을 고치는 것이 어려울 수 있지만, 성공적인 공부를 위해 이렇게 간단한 권장 사항을 따르면 학습 수행이 향상된다는 엄청난 증거가 있다. 공부에 충분한 시간을 할당하고 시험 전날에 모든 것을 집중하기보다 며칠에 걸쳐 신중하게 나누어서 공부하도록 한다.

그렇다면 무엇을 해야 하는가

다음은 분산 습관을 구현하는 몇 가지 구체적인 방법이다.

1. 달력에 전체 학기에 걸친 여러 학습 세션을 계획하라.
2. 수강하는 교과목을 위해 전체 학기에 걸쳐 매주 여러 번으로 나누어 정기적인 시간을 계획하라. 계획한 시간을 수업별로 다른 색상으로 표시하면 좋다.
3. 각 교과목에 대해 가능하면 각 시간대에 무엇을, 어떻게 공부할 계획인지 간략하게 표시하라. 각 학습 목표에 대한 진행 상황을 추적한다.

4. 필요한 경우 시험 전 몇 주 동안 추가 시간을 포함하여 필요에
   따라 일정을 조정하라.

전반적인 목표는 글상자에 요약된 대로 시험 직전에 하나의 긴
학습 세션을 계획하기보다 해당 학기 동안 공부할 수 있는 많은 기
회를 분산시키는 것이다.

글상자 6. 분산 습관 적용 방법

이렇게 하세요	이렇게 하지 마세요
많은 공부 시간을 할애할 수 있도록 일정을 계획하라.	시험 하루 전에 모든 공부를 하나의 긴 세션으로 압축하라.

참고문헌

Brown, P. C., Roediger, H. L., & McDaniel, M. A. (2014). *Make it stick: The science of successful learning.* Cambridge, MA: Harvard University Press.

Dunlosky, J., Rawson, K. A., Marsh, E. J., Nathan, M. J., & Willingham, D. T. (2013). Improving students' learning with effective techniques: Promising directions from cognitive and educational psychology. *Psychological Science in the Public Interest, 14*(1), 4-58.

Ebbinghaus, H. (1885/1964). *Memory.* New York: Dover.

Mayer, R. E. (2011). *Applying the science of learning.* Boston: Pearson.

Rawson, K., Stahovich, T. F., & Mayer, R. E. (2017). Homework and achievement: Using smartpen technology to find the connection. *Journal of Educational Psychology, 109*, 208-219.

성공 습관 #7
간지 삽입 습관:
주제를 번갈아 공부하기

스테이시의 통계학 공부

스테이시(Stacy)는 통계학 수업 퀴즈를 준비하고 있다. 퀴즈는 t-검정, 교차분석, 상관의 3가지 통계 검사를 다룬다. 이는 두 그룹의 평균이 다른지 여부를 비교하기 위한 t-검정(예: A 교수 수업의 학생이 B 교수 수업의 학생보다 기말고사 점수가 통계적으로 유의하게 더 높거나 낮은지), 두 그룹에서 몇몇 범주의 비율이 다른지를 비교하기 위한 **교차분석**(예: A 교수 수업에서의 남학생과 여학생 비율이 B 교수 수업에서의 남학생 및 여학생 비율과 통계적으로 유의하게 다른지), 두 변수 사이의 관계를 결정하기 위한 **상관**(예: A 교수 수업에서 학생의 키가 기말고사 점수와 통계적으로 유의하게 관련이 있는지)에 대한 것이다.

스테이시는 자신의 일정에 따라 1시간씩 3회 공부할 시간 블록을 충실하게 확보하였다. 첫 번째 세션에서 스테이시는 t-검정에 대한 자료를 읽고 t−검정 단어 관련 문제를 푸는 연습을 했다. 그리고 각 문제를 푼 후에 정답을 확인하였다. 두 번째 세션에서는 교차분석에 대해 동일한 작업을 수행하였고, 세 번째 세션에서는 상관관계에 대해 동일한 작업을 수행하였다. 스테이시는 학습 일정을 따라 진행한 것이 자랑스럽고 자신이 퀴즈를 잘 풀 수 있다고 자신했다. 공식에 따라 답을 계산하기 위한 t−검정, 교차분석, 상관 문제를 푸는 방법을 공부했기 때문이다.

　퀴즈가 있는 날, 수업에서 스테이시는 미소를 지으며 퀴즈를 준비했다. 그러나 퀴즈 문제를 받았을 때 혼란스러운 느낌이 그녀를 압도했다. 페이지마다 풀지 못하는 문제가 있었다. 첫 번째 문제를 응시하면서 스테이시는 통계 검사 유형별 공식에 따른 답 산출 방법은 알고 있지만, 어떤 유형의 문제를 보고 있는지 확실하게 모른다는 점을 깨달았다. 공부할 때는 모든 문제가 동일한 유형이어서 공식을 적용하기만 하면 되었지만, 퀴즈에서는 3가지 유형의 문제가 뒤섞여 어떻게 해야 할지 몰랐다.

학습을 위한 간지 삽입

　스테이시의 공부 방법에는 문제가 있다. 공부할 시간을 정한 것은 좋았으나, 각 세션에서 1가지 주제만 공부하도록 구분했다. 여러분이 생각하기에 그녀가 시간을 블록으로 구성하여 공부하는 방법에 대해 동의하는 문장에 체크해 보자.

☐ A. 다음으로 넘어가기 전에 1가지를 익힐 수 있기 때문에 블록 연습이 가장 좋다.

☐ B. 블록 연습은 각 유형의 문제를 푸는 데 집중해서 연습하기 때문에 가장 좋다.

☐ C. 블록 연습은 스테이시에게 무엇을 해야 하는지를 가르쳤지만 언제 해야 하는지를 가르쳐 주지 않았기 때문에 최선이 아니다.

A와 B에 동의하면, 학습 시간을 블록으로 구성하기로 한 스테이시의 결정을 지지하는 것이다. 각 블록은 하나의 학습 주제에 초점을 맞추고 있다. 그러나 그 접근 방식은 C에 반영된 것처럼 스테이시에게 좋지 않은 결과를 가져온다.

학습 시간을 구성하는 2가지 방법을 고려해 볼 수 있다. 즉, 여러 주제를 공부하기 위해 일정량의 공부 시간이 있는 경우 2가지 방법으로 시간을 구성하는 것이다.

• **블록 연습**(blocked practice)은 다음 주제로 넘어가기 전에 한 주제를 완전히 공부하는 것이다.
• **간지 삽입 연습**(interleaved practice)은 주제를 혼합하고 번갈아 가며 공부하는 것이다.

퀴즈에서 겪은 스테이시의 어려움에 반영된 바와 같이, 연구에 따르면 일부 상황에서 블록 연습은 실패한 학습 습관으로 판명되었다(Brown, Roediger, & McDaniel, 2014; Dunlosky, Rawson, Marsh,

Nathan, & Willingham, 2013). 다음 주제로 넘어가기 전에 한 주제를 익히는 방법이 좋은 아이디어처럼 들리지만, 상황에 맞지 않는 문제를 해결해야 할 때 스테이시의 경우처럼 블록 연습은 혼란을 야기할 수 있다. 스테이시가 간지 삽입 연습을 사용했다면, 첫 번째 세션을 사용하여 3가지 검정을 모두 간략하게 읽은 다음, 3가지 유형이 모두 포함된 문제 세트를 해결하려고 했을 것이다. 그리고 두 번째와 세 번째 세션에서 동일하게 공부하려고 했을 것이다.

적절한 환경에서 간지 삽입 연습이 블록 연습보다 더 효과적임을 보여 주는 연구가 있다(Brown, Roediger, & McDaniel, 2014; Dunlosky, Rawson, Marsh, Nathan, & Willingham, 2013). 그 연구에 따르면, 간지 삽입 연습이 더 효과적인 이유 중 하나는 한 세션에서 많이 공부하기보다 3가지 다른 세션에서 3가지 문제 유형을 조금씩 공부하는 것과 같이 간격을 두고 공부하게 하기 때문이다('성공 습관 #6 분산 습관'과 일치). 또한 문제 유형을 구별할 수 있는 특징을 인지하는 것을 배우는 데 도움이 되므로 언제 무엇을 해야 하는지도 알게 된다.

10명의 위대한 예술가의 그림을 각각 인식하는 방법을 배워야 하는 미술사 수업 상황을 생각해 보자. 그리고 각 예술가의 그림 아래에 예술가의 이름이 있는 10개의 그림이 있다고 가정해 보자. 블록 연습에서는 예술가 #2의 그림 10개를 모두 보기 전에 예술가 #1의 그림 10개를 모두 공부하는 식이다. 간지 삽입 연습 방식에서는 첫 번째 세트에서 각 예술가로부터 하나씩 10개의 그림을 보게 될 것이고, 매번 10개의 그림 세트를 보는 방식으로 진행하는 것이

다. 연구에 따르면, 간지 삽입 연습 방식은 어떤 그림이 어떤 예술
가와 어울리는지 더 잘 알게 해 준다고 한다(Kornell & Bjork, 2008).
간지 삽입 연습이 한 예술가(또는 문제 유형)를 다른 예술가와 구별
할 수 있는 독특한 특징을 배우는 데 도움이 된다는 것이다.

간지 삽입 습관

우리가 보았듯이 여러분의 공부 시간을 차단하면, 특정 상황에
서는 실패하는 학생이 될 수 있다. 또는 공부 시간에 간지를 삽입
하듯이 구분하면 성공하는 학생이 될 수 있다. 이 예에서 우리가 배
운 것은 간지 삽입 습관(interleaving habit)이라고 할 수 있다. 사람들
은 자신의 세션에서 각 문제나 주제를 따로따로 다루기보다 여러 세션에
서 서로 다른 종류의 문제나 주제를 혼합하여 공부할 때 더 잘 배운다. 일
반적으로 학생들은 블록 연습으로 학습하는 것이 더 잘 수행하여
자료의 내용을 알고 있다는 느낌을 강하게 준다. 하지만 간지 삽
입 연습을 한 학생이 학습 후 시험에서 더 잘 수행하는 경향이 있다
(Kornell & Bjork, 2008). 이는 자신이 자료의 내용을 알고 있을 것 같
다는 느낌으로 학습 시간 구성 방식을 결정하면 안 된다는 점을 시
사한다. 간지 삽입의 이점이 모든 연구에서 나타나는 것은 아니지
만 간단한 조언을 제공할 수 있을 정도로 충분한 근거가 있다. 여러
가지 다양한 문제나 주제를 공부하기 위해 시간을 할애했다면, 각
문제나 주제를 개별적으로 익히려 하지 말고 함께 섞어서(혹은 반

복적으로 번갈아 가면서) 공부해야 한다.

그렇다면 무엇을 해야 하는가

여러분의 일정에 학습 시간을 몇 개 구분하여 분산시킨 후, 다음 방법을 사용하여 공부 중인 주제를 번갈아 가며 정리할 수 있다.

1. 각 시간별로 교대로 학습할 수 있도록 최소 2~3개의 학습 과제를 나열하라. 예를 들어, 먼저 수업의 섹션을 요약하고 자료에 대한 미니 강의를 한 후, 핵심 용어를 다루는 플래시 카드를 살펴본다. 그리고 다음 섹션에 대해 이를 반복한다. 이러한 방식으로 학습 활동을 대체할 수 있다.
2. 시간이 많으면 다른 수업내용을 번갈아 가며 공부하라. 먼저 X 수업 자료를 읽은 다음 Y 수업 자료를 읽고, 다시 X 수업 자료를 읽고 Y 수업 자료를 다시 읽는 식으로 할 수 있다.

간지 삽입 습관을 연습하기 위한 특정 기법을 선택할 수 있게 하는 일반적 원칙을 다음 글상자에 정리하였다.

글상자 7. 간지 삽입 습관 적용 방법

이렇게 하세요	이렇게 하지 마세요
각 세션에서 주제와 학습 활동을 번갈아 가며 일정을 계획하라.	각 주제에 대해 중단 없는 긴 시간을 갖도록 일정을 계획하라.

참고문헌

Brown, P. C., Roediger, H. L., & McDaniel, M. A. (2014). *Make it stick: The science of successful learning.* Cambridge, MA: Harvard University Press.

Dunlosky, J., Rawson, K. A., Marsh, E. J., Nathan, M. J., & Willingham, D. T. (2013). Improving students' learning with effective techniques: Promising directions from cognitive and educational psychology. *Psychological Science in the Public Interest, 14*(1), 4-58.

Kornell, N., & Bjork, R. A. (2008). Learning concepts and categories: Is spacing the "enemy of induction"? *Psychological Science, 19,* 585–592.

성공 습관 #8
주의 집중 습관:
집중할 수 있는 공간에서
공부하기

한 숟가락의 음악과 다른 신화

살(Sal)은 철학 교재와 데이트 중이다. 그는 편안한 의자를 찾아서 교재와 형광펜을 배낭에 넣어와 20분 동안 바싹 다가앉아 과제로 정해진 장을 읽었다. 자료는 꽤 건조하기 때문에 재미를 더하기 위해 이어버드(earbuds)와 아이패드(iPad)도 가져오기로 하였다. 그는 자료를 읽으면서 좋아하는 새로운 인디 밴드 음악을 즐겼다 (물론 낮은 볼륨으로). 자료가 아무리 지루하더라도 계속해서 자료를 힘들여 읽어 낼 수 있게 하는 것이 그의 계획이다. 살의 입장에서 음악을 들으며 자료를 읽는 것은 약의 쓴맛을 줄이도록 설탕 한 숟가락을 넣는 것과 같다.

아만다(Amanda)는 인쇄한 파워포인트 슬라이드와 아이폰(iPhone)을 책상 위에 놓고 대규모 수업인 천문학 개론의 강의실 10번째 줄에 평소처럼 앉아 있다. 교수는 언뜻 보기에 끝이 없어 보이는 파워포인트 슬라이드 모음을 살펴보고 있다. 아만다는 파워포인트 슬라이드 모음과 수업에 가져온 인쇄 버전의 슬라이드 제목과 글머리 기호를 비교하면서 보고 있다. 도중에 아만다는 수업 후 계획에 대해 친구에게 간단한 문자를 보냈고, 문자메시지로 몇 번 대화를 주고받았다. 아만다는 재빠르게 문자메시지를 보내면서 자료를 읽으며 교수의 강의를 완벽하게 따라가고 있다고 느꼈다. 사실 그녀는 문자를 보내는 일이 깨어 있는 데 도움이 된다고 확신하고 있다.

테드(Ted)는 철학 수업에서 한 페이지 분량의 에세이를 작성해야 한다. 그 과제는 내일까지 제출해야 한다. 의지하고 있는 노트북을 들고 교내에 있는 커피숍으로 가서 수다스러운 친구들과 테이블에 앉았다. 커피를 마시며 잠시 이야기를 나눈 후 그는 노트북을 열고 아이디어를 얻기 위해 웹사이트를 확인한다. 그리고 자신의 걸작을 타이핑한다. 때로 그는 친구들에게 질문을 하고 심지어 테이블에서 진행 중인 대화에 끼어든다. 그런 다음 그는 다시 에세이 작업을 계속한다. 또한 커피숍에는 여러 개의 TV 화면이 있으며, 그는 때때로 화면 중 하나에서 스크롤되고 있는 최신 뉴스나 다른 화면에서 보이는 농구 경기를 시청하기 위해 고개를 든다. 테드에 따르면, 이러한 짧은 휴식은 그의 두뇌를 상쾌하게 한다. 친구들과 앉아서 TV 화면에 둘러싸여 있으면 글을 쓰기에 좋은 분위기가 된다.

이 3가지 시나리오의 공통점은 무엇인가? 각 시나리오에서 학생은 공부하면서 여러 가지 일을 동시에 하기, 즉 멀티태스킹

(multitasking)을 한다. 각 시나리오에서 학생은 멀티태스킹을 해야 할 충분한 이유가 있다. 살은 책을 읽으면서 음악을 들으면 일정한 읽기 속도를 유지하게 되고, 아만다는 수업 중에 깨어 있기 위해 문자메시지를 보내고, 테드는 친구와 TV 화면으로 둘러싸인 커피숍에서 기분 좋게 과제를 완료한다. 다소 지루한 공부를 음악 듣기, 문자메시지 보내기, 친구와 함께 있는 것과 같은 보다 즐거운 환경과 결합하는 방법을 배운 3명의 우수한 학생이 있다고 말할 수 있다.

학습 장소

살, 아만다, 테드는 정말 그들이 생각하는 것처럼 우수한 학생인가? 이 3가지 시나리오에 대한 저자의 의견을 제시하기 전에 여러분이 동의하는 문장에 체크해 보자.

☐ A. 오늘날의 젊은이들은 디지털 시대에 자랐기 때문에 기술을 사용하여 수행에 방해되지 않게 멀티태스킹을 할 수 있다.

☐ B. 음악을 들으며 자료를 읽는 것은 좋은 학습 방법이다.

☐ C. 수업 시간에 문자를 보내면 각성 상태를 유지할 수 있다.

☐ D. 커피숍에서 친구들과 있는 북새통 속에서 공부하는 것은 학습에 대한 좋은 분위기를 유지하는 데 도움이 된다.

☐ E. 읽기, 듣기, 쓰기를 할 때 주의를 산만하게 하는 모든 것은 학습에 해롭다.

☐ F. 여러분의 머릿속은 한 번에 제한된 양의 자료만 처리할 수 있으므로 관련 없는 과제에 집중하면 학습에서 주의가 산만해진다.

A를 선택한 경우, 기술 분야의 일부 공상가가 말하는 인기 있는 견해에 동의하는 것이다. 그와 반대로, 과학적 접근법을 따르는 학자들은 A에 표현된 의견을 뒷받침할 근거를 찾을 수 없었다. 특히 제프리 홈즈(Jeffrey Holmes)는 그의 문고판 책 『교육과 학습의 위대한 신화(Great Myths of Education and Learning)』에서 다음과 같이 연구를 설명하고 있다. '멀티태스킹은 학업 성취를 저해하지 않는다.'는 주장은 신화이다(Holmes, 2016). 예를 들어, 문자메시지, 페이스북 게시물 읽기, 전화 통화와 같이 동시에 여러 기술을 사용한 경험이 가장 많은 학생은 멀티태스킹 인지 검사에서 가장 낮은 점수를 받는 경향이 있다. 또한 학생들이 강의 중에 문자를 주고받을 때 휴대폰이 없는 상황에서 강의를 들을 때보다 덜 배우게 된다. 요컨대, 멀티태스킹은 실패한 학생이 되게 하는 접근 방식이다. 멀티태스킹의 신화를 거부함으로써 학문적 성공의 길에 설 수 있다.

마찬가지로 살, 아만다, 테드에게 공감하여 B, C, D를 선택한 경우에도 실패한 학생이 되는 길에 서 있는 것이다. 저자 생각에는 이 장에서 기술한 학생들은 실패한 학생들의 습관을 보여 주고 있다. 그들은 심층 학습을 위해 남겨진 인지 처리 능력의 양을 제한하는 산만함으로 머리를 채우고 있다. 학업과 학업이 아닌 과제 사이를 왔다 갔다 함으로써, 그들은 학문적 자료를 처리할 기회를 제한하고 피상적인 수준에서 다루게 될 가능성이 더 크다. 요컨대, 주의 산만한 채 한 운전이 도로에서의 생존에 해로울 수 있는 것처럼 주의 산만한 학습은 학업의 성공에 해로울 수 있다.

이와 반대로, E 또는 F를 선택한 경우 실패한 접근 방식을 거부하고 성공적인 접근 방식을 선택한 것이다. 연구에 따르면 읽기, 듣기 또는 쓰기와 같은 핵심 과제에서 주의를 산만하게 하는 모든 행동은 심층 학습에 참여하는 데 사용할 수 있는 인지 능력을 빼앗아 갈 수 있다(Brown & Kaminske, 2018; Holmes, 2016; Mayer, 2011). 심층 학습은 중요한 것을 파악하고, 머릿속으로 자료를 구성하며, 장기기억에서 관련 지식을 통합할 수 있는 인지 능력을 필요로 한다(Mayer, 2011). 인지 과학의 핵심 발견은 인간의 작동 기억 능력은 매우 제한적이어서 한 번에 몇 가지 항목만 처리할 수 있다는 것이다(Mayer, 2011). 따라서 학습을 지원하지 않는 인지 처리, 즉 **외재적 인지 처리**(erxtraneous cognitive processing)가 **생성 인지 처리**(generative cognitive processing)에 사용할 인지적 용량을 줄이는 것이다. 다시 말하면, **방법**에 대한 제3부의 설명과 같이 학습할 자료를 이해하기 위해 인지 처리에 사용할 수 있는 인지 능력을 제거하는 것이다. 당면 과제를 학습하는 데 사용할 수 있었던 인지 능력을 제거하는 것은 한 손을 등 뒤로 묶은 채 무언가를 만드는 것과 같다.

주의 집중 습관[2)]

이 장에서 설명하는 멀티태스킹 3인방은 외재적 인지 처리를 하지 않고 학습 과제에 온전히 주의를 기울일 수 있는 장소인 산만하지 않은 공간에서 학습하는 것의 중요성을 강조하게 한다. **주의 집중 습관**(multitasking habit)**에 따르면, 학습하는 동안 외재적 활동을 덜 할수록 더 많이 학습하게 된다.** 인간은 한 번에 하나의 과제에 주의를 집중하는 경향이 있으므로 실제로 멀티태스킹 같은 것은 없다. 대신 한 번에 2가지(또는 그 이상의) 과제를 수행하는 사람들은 실제로 과제를 이리저리 전환하면서 과제를 수행하고 있는 것이다. 사람들이 듣기, 읽기 또는 쓰기를 해야 하는 시간 동안 외재적 인지 처리에 관여하면 학습자로서 성공할 기회가 방해받게 된다. 성공하지 못한 학생들은 여러 가지 기기에 의한 주의 산만을 수용하지만, 산만하지 않은 공간에서 학습하는 방법을 배울 수 있다면 성공적인 학생이 될 수 있다.

---

2) 역자 주: 저자는 원서에서 멀티태스킹(multitasking)은 주의를 산만하게 하여 인지 처리 능력을 빼앗은 것으로 하지 말아야 할 습관으로 설명하면서 이를 'multitasking habit'으로 제시하고 있다. 하지만 본문의 내용을 자세히 읽지 않고 제목만 본 독자에게 '멀티태스킹 습관'은 여러 가지 일을 동시에 하는 습관이 중요하다는 의미로 오해할 여지가 농후하다. 이에 이 책에서는 의미의 혼란을 방지하기 위해 'multitasking habit'을 본질적 의미에 부합하게끔 '주의 집중 습관'으로 번역하여 사용하고자 한다.

그렇다면 무엇을 해야 하는가

요컨대, 주의 집중 습관을 바탕으로 책을 읽는 동안 음악을 듣거나, 글을 쓰는 동안 TV를 보거나, 강의를 들으면서 문자메시지를 보내거나 게임 혹은 인터넷을 사용하는 것 같은 기기에 의한 주의 산만을 포함해서 주의 산만과 방해에서 벗어날 수 있는 공부 장소를 찾을 것을 권하고 싶다. 주의 산만과 방해를 최소화하는 것에는 소란스러움, 소음, 어수선함이 많지 않고, 조명이 밝고 편안하며, 충분한 공간이 있는 공부할 장소를 찾는 것을 포함한다. 또한 휴대폰은 끄고 보이지 않는 곳에 두는 것이 좋다. 이와 같이 외부 방해 요소를 최소화하는 학습 장소를 찾거나 만들기 위한 기법을 다음과 같이 제안한다.

1. 책을 읽거나 공부하는 동안 시끄러운 음악, 비디오, TV 화면을 끄라.
2. 강의를 듣는 동안에는 인터넷 접속을 끊으라.
3. 책을 읽거나, 공부하거나, 강의를 듣는 동안에 휴대폰과 메시지 알림을 끄라. 개인 기기를 보이지 않는 곳에 두라.
4. 주변의 소란, 어수선함, 대화가 없는 적절한 조명이 있는 편안한 장소를 찾으라.

학습 기회와 관련하여 성공적인 학습을 위한 중요한 요소는 방해받지 않는 학습 장소이다. 학습은 자료를 처리하는 데 완전한 주의가 필요하다. 학습 중 인지 처리를 가장 잘 사용하는 방법은 방법에 대한 제3부의 주제이다. 학습할 수 있는 공간을 찾으면, 다음 글상자에 요약된 대로 성공적인 학습자가 되는 길을 열어 주는 것이다.

글상자 8. 주의 집중 습관 적용 방법

이렇게 하세요	이렇게 하지 마세요
주의 산만함과 방해가 없는 장소를 찾거나 만들라.	음악 듣기, 문자메시지 보내기, 비디오 보기와 같은 좋아하는 멀티태스킹 활동과 함께 공부하라.

참고문헌

Brown, A. M., & Kaminske, A. N. (2018). *Five teaching and learning myths debunked.* New York: Routledge.

Holmes, J. D. (2016). *Great myths of education and learning.* Malden, MA: Wiley Blackwell.

Mayer, R. E. (2011). *Applying the science of learning.* Boston: Pearson.

성공 습관 #9
불안 관리 습관:
걱정 비우기

걱정의 세계

마거(Marga)는 미적분학 개론 수업에서 노트북을 열고, 오늘 강의에 메모할 준비를 하고 있다. 교수는 따뜻한 미소와 다정한 목소리로 "안녕하세요?"라고 인사를 시작한다. 마거는 심호흡을 하며 좀 더 위로가 되는 말들로 강의가 이어지기를 바라고 있다. 교수는 칠판에 예제 문제를 풀고 각 단계를 설명하기 시작한다. 그러나 마거는 칠판에 있는 그 수학 기호를 보고 긴장하기 시작하였으며, 곧 긴장과 두려움이 머리부터 발끝까지 그녀를 압도한다. 부정적인 생각과 걱정으로 가득 차 머리가 하얘졌다. 그녀는 두려움에 얼어붙어 필요한 메모를 하거나 교수가 설명하는 것을 쫓아갈 수 없었다.

마거에게 무슨 일이 벌어진 것일까? 마거는 학습자가 부정적인 학업 성과나 해로운 사건을 예상할 때 발생하는 정서적 상태인 **학습자 불안**(learner anxiety)으로 인해 고통받는 것으로 보인다

(Maloney & Beilock, 2012). 마거의 반응은 학습에서 학업 성공에 영향을 줄 수 있는 정서적 측면이 있음을 상기시킨다.

수학 불안 검사

예를 들어, 다음 각 항목에 대해 두려움, 긴장, 초조함을 1에서 5까지의 척도로 평가해 보자. 각 문장의 왼쪽에 있는 네모 칸에 번호를 쓰자.

☐ 선생님이 칠판에 수학 문제를 푸는 것을 볼 때
☐ 수학 시간에 예고 없이 쪽지 시험을 볼 때
☐ 내일 있을 수학 시험을 생각할 때
☐ 수학 시간에 질문에 답해야 할 때
☐ 수학 시험 공부를 할 때

이 항목들은 훨씬 더 긴 수학 불안 검사 척도에서 가져온 것이다 (Suinn & Winston, 2003). 총 점수가 15점 이상이면 수학 불안의 일부 증상이 나타나는 것이지만, 확실히 하려면 연구를 통해 검증된 더 긴 검사지에 응답하는 것이 필요하다(Suinn & Winston, 2003). 마거는 수학 불안 검사에서 높은 점수를 받을 사람으로 보인다.

학습을 위해 진정하기

마거는 어떻게 해야 할까? 여러분이 옳다고 생각하는 진술에 체크해 보자.

☐ A. 약간의 걱정은 좋은 일이다. 열심히 공부할 동기가 되기 때문이다. 걱정이 동기를 부여하도록 해야 한다.

☐ B. 공부하는 동안 진정해야 하므로 걱정과 두려움을 무시해야 한다.

☐ C. 너무 많은 걱정은 나쁜 것이다. 왜냐하면 학습이나 수행에 대해 생각하는 것을 방해할 수 있기 때문이다. 걱정에 대처하는 방법을 개발해야 한다.

마거의 경우와 같이, 맑은 정신을 갖고 배움의 기회를 가지는 것을 방해하는 부정적 정서 상태의 사람들이 있다. 학습에 대한 불안이 학습 기회를 감소시킬 때, 여러분은 실패한 학생이 된다. 학습 중 너무 많은 멀티태스킹을 하는 것과 같은 신체적 산만함이 학습 기회를 제한할 수 있듯이 학습 중 압도적인 불안을 느끼는 것과 같은 정서적 산만함도 학습 기회를 제한할 수 있다(Maloney & Beilock, 2012).

마거의 상황에 대해 가능한 3가지 접근 방식을 살펴보고자 한다. 낮은 수준의 각성이 수행을 향상시킬 수 있다는 연구결과가 있기 때문에 A는 합리적인 대답처럼 보인다. 그러나 마거의 경우 걱정이 압도하기 때문에 '걱정이 마거에게 동기를 부여하도록' 해야 한다고 제안하는 것은 주의해야 한다. A가 문제가 되는 이유는 학습 과학 연구에서 학습에 사용하는 작동 기억 용량이 상당히 제한적임을 보여 주기 때문이다(Huang & Mayer, 2016). 여러분이 얼마나 걱정하고 있는지 생각한다면, 의미 있는 학습에 참여할 만큼의 충분한 인지 능력이 남아 있지 않을 수 있다. 즉, 부정적인 생각으로 가득 차 있다면 가장 중요한 것이 무엇인지를 찾고, 자료를 재구성하며, 장기기억에서 관련된 사전 지식을 활성화시켜 학습 내용과 연관 짓는 학습 과정에 참여할 만큼의 인지 용량이 없을 것이다. 이것이 저자가 '걱정이 동기를 부여하게 하라.'는 조언이 두려운 이유이다. 동기에 대한 제1부에서 여러분은 학습 동기를 부여하기 위한 더 효과적인 방법을 살펴보았다. 여기에 과도한 걱정은 해당되지 않았다.

과도한 걱정은 학습을 방해하기 때문에 B도 표면적으로는 이치에 맞는 것 같다. 그러나 마거가 학습하는 동안 자신의 감정 상태를 어떻게든 무시하기를 기대하는 것은 비현실적이기 때문에 결함이 있다. 어떤 사람이 두려움에 마비되거나 긴장에 얼어붙거나 걱정에 압도될 때 누군가가 그렇게 하라고 한다 해서 할 수 있는 것이 아니다. 간단히 말해서, 때때로 여러분의 감정과 생각을 완전히 분리하는 것이 불가능하므로 마거는 부정적인 생각과 싸우고 대처하는 방법을 개발해야 한다.

C는 학습에 대한 불안의 파괴적 영향을 인식하고, 부정적인 생각에 대해 "'아니요.'라고 해."라고 말하는 대신 대안을 제공하기

때문에 저자가 좋아하는 전략이다. 마거가 대처하도록 도울 수 있는 연구 기반 접근 방식 중 하나는 학습 전과 학습 과정 전반에 걸쳐 긍정적인 지지의 말을 제공하는 것이다(Huang & Mayer, 2016). 또 다른 연구 기반 접근 방식은 마거가 자신의 감정을 글로 쓰는 것처럼 감정을 표현하는 것이다(Huang & Mayer, 2016). 마지막으로, 바이오피드백 이완 훈련에 대한 성공적인 연구에서 제안하듯이 마거는 심박수 증가와 같은 생리학적 변화의 신호를 위협받기보다 도전받는 느낌으로 해석하도록 재구성하는 방법을 배울 수 있다(Aritzeta, Soroa, Balluerka, Muela, Gorostiaga, & Aliri, 2017). 우리는 마거가 학습하는 동안 느끼는 긴장과 두려움을 생각하느라 사용하는 인지 용량을 제한함으로써, 학습에 사용하도록 준비된 작동 기억 시스템을 가질 수 있기를 원한다.

요컨대, 부정적인 걱정을 비우고 자유로운 맑은 정신을 가지고 배움의 기회를 만드는 것이 성공적인 학생이 되는 데에 중요하다.

불안 관리 습관[3)]

마거의 상황은 정서적 상태가 학습에 필요한 인지 상태에 영향

---

3) 역자 주: 저자는 원서에서 사람들이 걱정에 대한 부정적 생각을 버리고 이에 맞서 대처할 수 있는 습관으로서 'anxiety habit'을 설명하고 있다. 하지만 본문의 내용을 자세히 읽지 않고 제목만 본 독자에게 '불안 습관'이라는 용어를 사용할 경우 독자들에게 해석의 혼란을 야기할 수 있을 것으로 보인다. 이에 이 책에서는 의미의 혼란을 방지하기 위해 'anxiety habit'의 본질적 의미에 부합하도록 '불안 관리 습관'으로 번역하여 사용하고자 한다.

을 미칠 수 있음을 보여 준다. 불안 관리 습관(anxiety habit)은 사람들이 걱정에 대한 부정적 생각으로 마음이 어지럽지 않아야 더 잘 배울 수 있음을 의미한다. 자신이 얼마나 긴장하고 있는지 생각할 때, 여러분은 학습할 내용을 이해하는 데에 인지 용량을 덜 사용한다. 불안 관리 습관에 따라 학습 과제를 시작하기 전에 느끼는 불안에 맞서고 대처 방법을 강구할 것을 권장한다. 감정을 관리하는 1가지 방법은 생각과 감정을 에세이에 적어서 요약하는 표현적 글쓰기(expressive writing)를 하는 것이다. 또 다른 접근법은 학습 과제를 처리할 수 있다는 자신감을 글이나 말로 표현하는 것과 같이 불안을 관리하기 위한 긍정적 자기 대화를 하는 것이다. 자신에게 걱정으로 인한 부정적인 생각에 압도되지 않은 맑은 정신으로 공부할 기회를 제공한다.

그렇다면 무엇을 해야 하는가

불안 관리 습관은 까다로울 수 있지만 시도해 볼 수 있는 몇 가지 방법은 다음과 같다.

1. 자신의 감정을 요약한 단락을 작성하라.
2. 자신에게 몇 가지 긍정적인 생각을 설명하는 간단한 지지의 말을 하라.
3. 심호흡을 하여 몸을 진정시키라.

4. 믿음 습관(성공 습관 #3)을 사용하여 자신을 유능한 학습자로 인식하고 학습 자료를 익히는 데에 도전하라.

학업과 관련된 불안을 스스로 관리할 수 없다면 다음 단계는 정신건강 전문가의 도움을 받는 것이다. 예를 들어, 정신건강 전문가의 감독하에 있는 바이오피드백 훈련으로 불안을 통제하고 학업 성공을 위해 주의를 집중하는 방법이 효과적인 것으로 나타났다.

전반적으로 부정적인 생각을 인정하는 것으로 시작하는 것이 좋지만 다음 글상자에 요약된 것처럼 학습을 위해 보다 긍정적인 환경을 조성하는 방법을 찾아야 한다.

글상자 9. 불안 관리 습관 적용 방법

이렇게 하세요	이렇게 하지 마세요
공부하는 동안 부정적인 생각을 없애라.	걱정거리로 인해 더 열심히 공부할 수 있다는 희망을 갖고 공부하는 동안 걱정을 환영하라.

참고문헌

Aritzeta, A., Soroa, G., Balluerka, N., Muela, A., Gorostiaga, A., & Aliri, J. (2017). Reducing anxiety and improving academic performance through a biofeedback relaxation training program. *Applied Psychophysiology and Biofeedback, 42*, 193-202.

Huang, X., & Mayer, R. E. (2016). Benefits of adding anxiety-reducing features to a computer-based multimedia lesson. *Computers in*

Human Behavior, *63*, 293-303.

Maloney, E. A., & Beilock, S. L. (2012). Math anxiety: Who has it, why it develops, and how to guard against it. *Trends in Cognitive Science, 16*(8), 404-406.

Suinn, R. M., & Winston, E. H. (2003). The mathematics anxiety rating scale, a brief version: Psychometric data. *Psychological Reports, 92,* 176-173.

성공 습관 #10
마음챙김 습관:
정신 집중하기

댄의 백일몽

댄(Dan)은 도서관 열람실에서 그를 위해 빛을 비춰 주는 자신만의 고전적인 녹색 램프가 있는 낡은 책상에 앉아 있다. 열람실에는 거대한 아치형 천장이 있으며 벽에는 긴 스테인드글라스 창문이 있다. 오늘의 과제는 내일 수업 숙제인 25페이지 분량의 역사책을 읽는 것이다. 노트북과 공책으로 바삐 공부하는 다른 학생들을 둘러보던 그는 자신이 성공한 학생이 된 것처럼 느끼며 책을 펼치고 읽기 시작한다.

책을 읽으면서 열람실에서 시간을 보내고 성공적인 삶을 살았던 다른 학생들에 대해 생각한다. 댄은 지금부터 몇 년 후에 성공한 삶의 빛을 느끼며 바로 이 자리로 되돌아오는 자신을 상상한다. 주변의 다른 학생들이 무엇을 공부하고 있을지 궁금하다. 그들이 도서관을 나가 어디로 갈 것인지 상상한다. 그리고 이번 주말에 계획한 파티에 대해 생각한다. 오늘 아침 일찍 자전거를 탔던 것에 대해 생각한다. 여동생이 고등학교에서 겪고 있는 문제에 대해 생각한다. 자신이 초콜릿을 얼마나 사랑하는지 생각하기도 하고, 초코바를 사는 모습도 상상한다.

　책 읽기를 멈추고 휴식할 때까지 댄의 정신은 멀고도 가까웠고, 과제 분량을 다 읽었음을 알게 된다. 결국 이는 완벽한 학습 경험이 될 것이라고 스스로 생각한다.

당면한 과제에 집중하기

　댄이 책을 읽는 방식은 책을 읽는 동안 정신이 흐트러지는 것이다. 그는 그것이 긴장을 풀고 독서를 즐길 수 있게 한다고 생각한다. 아마도 여러분에게도 합리적인 생각처럼 들릴 것이다. 이에 대해 생각해 보면서 여러분에게 의미가 있는 문장에 체크해 보자.

　　□ A. 책을 읽으면서 정신이 흐트러지면 긴장을 풀고 내용을 흡수하는 데
　　　　도움이 된다.
　　□ B. 책을 읽으면서 정신이 흐트러지는 것은 보다 창의적인 독자가 되도
　　　　록 머리에 아이디어를 채울 수 있다.
　　□ C. 읽을 때 구역을 지정하는 것은 페이지의 내용을 깊이 처리하지 못하
　　　　게 하여 주의를 분산시킨다.
　　□ D. 책을 읽으면서 정신이 덜 흐트러지면 더 많이 배우는 경향이 있다.

A 또는 B를 선택했다면 긍정적인 측면을 찾으려고 노력함으로써 정신이 흐트러지는 것에 대해 '유리컵이 반쯤 찬 접근법'을 취하는 것이다. 정신이 흐트러지는 것이 도움이 되는 상황이 있을 수 있지만 공부하는 동안 방황하는 것은 도움이 되는 상황이 아니다(Feng, D'Mello, & Graesser, 2013; Smallwood & Schooler, 2015). 정신의 흐트러짐은 창의적 문제 해결과 같은 작업에 도움이 될 수 있지만, 내용이 어려울 때 독해력에 특히 해로운 것으로 나타났다(Feng, D'Mello, & Graesser, 2013). 그래서 유감스럽게도 A나 B에 체크한 경우들은 낙제생의 습관을 지지하는 것이라고 말할 수 있다.

누군가 정신이 흐트러지고 있음을 어떻게 알 수 있는가? 1가지 방법은 읽을 텍스트를 정하고, 여러 지점에서 정신이 흐트러지고 있는지를 스스로에게 묻는 것이다(Smallwood & Schooler, 2015). 연구에 따르면, 책을 읽는 동안 많은 생각을 하는 사람들은 독해 시험에서 전반적으로 더 낮은 점수를 받았다(Feng, D'Mello, & Graesser, 2013; Smallword & Schooler, 2015). 따라서 정신의 흐트러짐에 대한 근거 기반 접근을 취하고 성공적인 학생의 대열에 합류하려면 A와 B가 아닌 C와 D를 체크해야 한다.

정신의 흐트러짐이란 정확히 무엇인가? 정신의 흐트러짐은 주의가 주요 과제(예: 텍스트 읽기 또는 강의 듣기)에서 과제와 관련 없는 생각으로 이동할 때 발생한다. 정신의 흐트러짐은 어떻게 해를 끼치는가? 인지 능력은 제한되어 있으므로 한 번에 제한된 양의 정보만 처리할 수 있다. 요컨대, 정신이 흐트러지게 되면 자신의 제한된 능력을 외부 처리, 즉 학습 목표와 관련이 없는 인지 처리와 공유해야 하는 상황을 만들게 된다. 제한된 인지 능력 중 일부를 외재적 인지 처리에 사용할 때 교재의 내용을 이해하는 데 남은 용량이 줄 어든다. 여러분의 눈은 교재의 각 단어를 보고 있을 수 있지만, 그 내용을 이해하기 위해 필요한 인지 능력은 남아 있지 않을 수도 있 다. 이는 어려운 교재를 읽을 때 정신의 흐트러짐이 특히 해로운 이 유이다.

마음챙김 습관

보다시피 책을 읽거나, 공부하거나, 수업을 들을 때 정신이 흐트 러지는 것은 실패한 학생의 습관이다. 댄의 백일몽 예는 **마음챙김 습관**(mindfulness habit)이라고 부를 수 있는 것을 암시한다. 사람들 은 당면 과제에 주의를 집중할 때 더 잘 배운다. 성공적인 학생이 되기 위해 당면 과제에 계속 주의를 집중하는 **마음챙김 습관**을 개발하는 것이 여러분의 목표가 되어야 한다.

그렇다면 무엇을 해야 하는가

마음챙김 습관을 개발하는 방법은 무엇인가? '집중해, 멍청아!' 라고 스스로에게 말하는 것은 마음챙김을 높이는 효과적인 전략이 아니다. 현재 과제에 주의를 집중할 수 있도록 머리를 비우는 법을 배워야 한다. 이것은 원치 않는 생각을 억누르는 문제가 아니라 현재의 과제에 대해 마음을 여는 문제이다. 마음챙김 훈련을 위해 매일 10분 동안 눈을 감거나 시선을 낮추고 똑바로 앉아 호흡에 주의를 집중하고, 산만한 생각을 더 이상 하지 말고 놓아 버리려고 하는 명상을 시도할 수 있다. 원하지 않는 생각을 적극적으로 억누르기보다 마음이 쉬도록 내버려 두는 것이다. 연구에 따르면 이러한 종류의 마음챙김 훈련은 읽는 동안 방황을 줄이고 독해력을 향상시킬 수 있다(Mrazek, Franklin, Phillips, Baird, & Schooler, 2013). 이 연구에 의하면, 호흡과 같은 감각적 경험에 주의를 집중하기 위해 매일 몇 분간 연습하는 것이 좋다. 마음챙김을 연습하는 방법에 대한 전문가의 훈련과 지침이 필요할 수 있다. 마음을 열고 학습할 준비를 하는 방법을 배우면 다음 글상자에 요약된 대로 성공적인 학생이 되는 데 도움이 될 수 있다.

글상자 10. 마음챙김 습관 적용 방법

이렇게 하세요	이렇게 하지 마세요
학습에 집중하라.	공부하는 동안, 그것이 수업에 대한 생각이 아니더라도 자유롭게 방황하게 하라.

참 고 문 헌

Feng, S., D'Mello, S., & Graesser, A. C. (2013). Mind wandering while reading easy and difficult texts. *Psychonomic Bulletin and Review, 20*, 586-592.

Mrazek, M. D., Franklin, F. S., Phillips, D. T., Baird, B., & Schooler, J. (2013). Mindfulness training improves working memory capacity and GRE performance while reducing mind wandering. *Psychological Science, 24*(5), 776-781.

Smallwood, J., & Schooler, J. W. (2015). The science of mind wandering: Empirically navigating the stream of consciousness. *Annual Review of Psychology, 66*, 487-518.

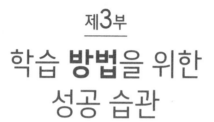

제3부

학습 **방법**을 위한
성공 습관

성공 습관 #11
다시 읽기 습관:
명확하지 않은 내용
다시 읽기

헤르만 에빙하우스의 이상한 실험

다음의 음절을 1초에 하나씩 읽는다고 가정해 보자.

POS

MAF

REH

NIZ

VEQ

XAB

DUL

TOR

여러분은 먼저 'P-O-S'를 읽고 다음은 'M-A-F'를 이어 읽을 것이다. 이번에는 책을 덮고 30초 동안 기억나는 음절을 순서대로 최대한 많이 적어 보자. 만약 여러분이 평범한 사람이라면 몇 개 적지 못할 것이다.

그 이후 어느 날 같은 목록의 음절을 1초마다 한 줄씩, 글자 하나하나를 다시 읽어 본다고 가정해 보자. 전과 같이 마지막 글자까지 이어 나간 후 두세 번 정도 반복한다. 그러고는 책을 덮고 30초 동안 기억나는 음절을 순서대로 최대한 많이 적어 보자. 대부분의 사람이 그렇듯 한 번 읽었을 때보다 반복했을 때 더 많이 적을 수 있을 것이다.

1800년대 후반, 헤르만 에빙하우스(Hermann Ebbinghaus)는 유일한 연구 참여자인 자신을 대상으로 이 실험을 했다(Ebbinghaus, 1885/1964). 그는 학습과학 분야에서 여전히 학습 원칙 #1인 첫 번째 주요 원리를 만들었다. 바로 자료를 여러 차례 읽을수록 더 잘 기억할 수 있다는 점이다. 1885년에 처음 출판되어 반복의 힘을 보여 준 이후, 반복 효과는 셀 수 없을 정도로 많이 복제되어 실험되었다.

헤르만 에빙하우스의 이상한 실험이 여러분의 학문적 성공과 무슨 관계가 있는가? 현대 학습자에게 해당하는 반복 효과의 직접적인 의미는 다음과 같다. 읽기 과제가 있을 때, 자료를 읽은 후 다시 반복하여 읽으라. 비록 이 아이디어는 이미 알고 있는 상식처럼 보이지만, 반복하여 다시 읽는 것이 효과적인 공부 전략인지 살펴보자.

'다시 읽기'가 효과가 있을까

반복 효과는 교재에 해당하는 장을 읽고 난 후 다시 읽는 것을 의미하는가? 다음 중 해당 사항에 체크해 보자.

☐ A. 읽고 다시 읽는 것은 학생이 취할 수 있는 최고의 선택이므로 첫 번째(#1) 학습 전략이 되어야 한다.

☐ B. 읽고 다시 읽는 것은 학습의 원리 #1이므로 여러분의 첫 번째(#1) 학습 전략이 되어야 한다.

☐ C. 읽고 다시 읽는 것은 학습 전략으로서 제일 나은 선택이 아닐 수도 있다.

☐ D. 한 번 읽은 자료를 다시 읽는 것은 시간 낭비이다.

A를 선택한 여러분은 다시 읽기가 유행하는 학습 전략이라는 생각에 동의하고 있고, 이는 맞는 선택이다. 최근 조사(Miyatsu, Nguyen, & McDaniel, 2018)에서 1,500명의 학생 가운데 78%가 다시 읽기를 학습 전략으로 생각한다고 응답하였다. 다시 읽기의 매력은 실행하기 쉽다는 것이다. 그러나 설령 다시 읽기가 인기 있는 방식이라 해도, 다시 읽기가 언제나 효과적이라고 생각하는 것은 옳지 않다. 연구에 따르면 그렇지 않은 경우가 많다(Dunlosky, Rawson, Marsh, Nathan, & Willingham, 2013; Miyatsu, Nguyen, & McDaniel, 2018).

B를 선택했다면 여러분이 반복 효과에 따른 공부 시간의 힘을 존중하는 것은 맞지만, 다시 읽기가 공부 시간을 효과적으로 사용하는 방법이라고 단정하는 것은 옳지 않다. 성공 습관 #5 시간 습관에서 살펴보았듯이, 집중하여 시간을 사용할수록 더 많은 것을 배우게 된다는 반복 효과를 살펴보아야 한다. 여러분이 한 번 읽고 나서 곧바로 다시 읽을 때, 단순히 낱말을 읽는다면 두 번째 읽기는 별로 도움이 되지 않을 수도 있다. 여러분이 현명하게 사용할 수 있을 정도의 더 많은 공부 시간은 여러분의 학습을 향상시키는 데 도움이 된다. 공부 시간을 더 효과적으로 보낼 수 있는 다른 학습 전략이 있을 수 있으므로 선택지 C는 체크해야 한다.

다시 읽는 것은 학습 전략으로 전혀 도움이 되지 않는가? 실제 연구결과에 따르면, 학습 향상을 위해 다시 읽기를 사용할 수 있는 몇 가지 방법이 있다(Miyatsu, Nguyen, & McDaniel, 2018; Ponce & Mayer, 2014).

첫째, 처음 읽고 곧바로 다시 읽기보다 제1독(처음 읽기)과 제2독(다시 읽기) 사이에 적절한 간격(성공 습관 #6 분산 습관)이 있을 때가 가장 효과적이다.

둘째, 짧은 글을 다시 읽는 것이 자료를 이해하는 데에 있어 모르는 부분을 더 잘 잡아낼 수 있다. 예를 들어, 여러분은 책을 읽다가 방금 읽은 내용이 명확하지 않거나 이전의 자료와 모순된다는 것을 알 수 있을 것이다. 여러분이 읽고 있는 것을 얼마나 잘 이해하고 있는지 알아채는 것을 이해의 점검(comprehension monitoring)이라고 한다. 읽고 있는 내용이 이해되지 않거나 모순된 진술이 있는 경우, 본문의 관련 부분을 주의 깊게 다시 읽어 문제를 해결하는 것이 유용한 해결 방법이다. 이는 더 깊은 배움으로 이끄는, 성공적인 학습의 특징이다.

셋째, 본문의 관련 부분을 다시 읽는 것은 요약 또는 개요와 같은 다른 연구 전략과 함께 사용할 때 유용할 수 있다. 요약 또는 개요에 무엇을 넣을지 파악하기 위해 다시 돌아가서 텍스트의 관련 부분을 다시 읽어야 하기 때문이다.

다시 읽기 습관

다시 읽기 습관(rereading habit)은 사람들이 명확히 할 필요가 있거나 요약 혹은 개요를 만들 때와 같이 다른 학습 전략을 지원하도록 도와 더 잘 배우게 한다. 이 경우 본문을 이해하는 데 중요한 부분을 다시 읽게 되므로 내용을 명확히 하거나, 요약하거나, 개요를 설명할 수 있게 된다. 이 습관의 부작용은 단순히 방금 읽은 글의 각 단어를 기계적으로 전부 다시 읽는 것인데, 이는 효과적인 방법이 아니다.

다시 읽기의 잠재적 효과는 여러분의 읽는 목적에 달려 있다. 명확한 설명이 필요하거나 다른 학습 전략을 위해 필요한 부분을 다시 읽는다면, 이는 **전략적 다시 읽기**(strategic rereading)라고 부르며 학습이 향상될 것이다. 만약 여러분의 접근법이 단순히 모든 단어를 이해하려고 노력하지 않고 다시 읽는 것이라면, 이것은 기계적 다시 읽기(mechanical rereading)의 한 예이며 이는 학습 효과를 높이는 효과적인 방법이 아닐 수도 있다. 여러분이 기계적 다시 읽기를 계속하는 한, 여러분은 성공적인 학생이 되긴 어렵다. 성공적인 학생이 되기 위해서는 전략적 다시 읽기 방법을 배워야 할 것이다. 다시 말하면, 복잡한 텍스트를 명확하게 이해하거나 요약이나 개요 같은 다른 학습 전략을 더 잘 사용하기 위해 다시 읽기를 사용하여 공부하는 방법을 배워야 한다.

그렇다면 무엇을 해야 하는가

다시 읽기는 효과적으로(즉, 내용 이해를 돕는다) 또는 비효과적으로(즉, 이해할 노력 없이 기계적으로 단어를 반복한다) 사용될 수 있는 일반적인 학습 전략이다. 다시 읽기의 효과를 극대화하려면 다음과 같은 전략을 시도해 보는 것이 좋다.

1. 교재를 읽다가 방금 읽은 문장을 이해하지 못했다면 확실히 이해하도록 그 문장을 다시 읽으라.
2. 필요한 경우, 주변 문장을 읽어 맥락을 파악하라.
3. 특히 중요한 부분을 찾아 다시 읽으라. 다시 읽었다면 스스로 설명(성공 습관 #19 가르치기 습관)하거나 요약(성공 습관 #14 요약 습관)하는 학습 습관을 사용한다.

다시 읽기의 목표는 저자의 정확한 표현을 기억하도록 돕는 것

이 아니라 다음 글상자에 요약된 저자의 의미를 이해하도록 돕는
것이다.

글상자 11. 다시 읽기 습관 적용 방법

이렇게 하세요	이렇게 하지 마세요
교재에 혼란스럽게 하거나 중요한 문장을 발견했을 때, 문장을 이해하면서 다시 읽으라.	교재의 모든 글자를 읽고 난 후 모든 글자를 다시 읽으라.

참고문헌

Dunlosky, J., Rawson, K. A., Marsh, E. J., Nathan, M. J., & Willingham, D. T. (2013). Improving students' learning with effective learning techniques: Promising directions from cognitive and educational psychology. *Psychological Science in the Public Interest, 14*(1), 4-58.

Ebbinghaus, H. (1885/1964). *Memory*. New York: Dover. [Originally published in German in 1885.]

Miyatsu, T., Nguyen, K., & McDaniel, M. A. (2018). Five popular study strategies: Their pitfalls and optimal implementation. *Perspectives on Psychological Science, 13*, 390-407.

Ponce, H. R., & Mayer, R. E. (2014). Qualitatively different cognitive processing during online reading primed by different study activities. *Computers in Human Behavior, 30*, 121-130.

성공 습관 #12
강조 표시 습관:
요점에 강조 표시하기

형광펜 마키를 만나 보자

마커스(Marcus)는 노란색 형광펜을 항상 가지고 다닌다. 그는 형광펜의 뚜껑을 열거나 끝까지 밀어 넣어 끼우는 방법을 좋아한다. 또 텍스트에 형광펜으로 표시할 때 느껴지는 손의 감각을 좋아한다. 심지어 종이에 퍼지는 잉크 냄새까지 좋아한다. 대학 첫날부터 그는 도처에 엄청난 양의 노란 형광펜을 모아 두었다.

그의 친구들은 그를 '형광펜 마키(Markie the Marker)' 또는 줄여서 '마키(Markie)'라고 부른다. 주머니에 항상 밝은 노란색 형광펜을 가지고 다니고, 사용하는 데 주저하지 않기 때문이다. 그는 교재를 읽으면서 각 페이지의 주요 내용처럼 보이는 부분에 형광펜으로 표시한다. 그는 수업 웹사이트에서 강의 녹취록을 인쇄해서 읽으며 자신이 좋아 보이는 부분을 형광펜으로 표시한다. 그는 인쇄한 수업 블로그의 이메일 스레드를 형광펜으로 표시하여 바인더로 보관한다. 형광펜 마키는 인쇄물이 있다면, 좋아하는 모든 구절을 밝은 노란색 형광펜으로 칠할 때까지 포기하지 않고 표시할 것이다.

마커스는 철학 교재의 도입부를 읽고 있다. 그는 꽤 무거운 주제들을 발견하고는 노란색 형광펜을 꺼낸다. 그리고 한 장 한 장 페이지를 노란빛으로 채워 나간다. 마치 발사된 권총의 연기를 불어 없애듯이 형광펜의 끝부분을 불면서 미소를 머금고 앉아 있다. 그는 형광펜으로 칠하면서 자신의 학습에 대해 책임감을 느끼는 것을 좋아한다.

정말로 그럴까

보다시피 마커스(별칭 형광펜 마키)는 형광펜으로 표시하는 것이 효과적인 학습 전략이라고 믿고 있다. 정말 그럴까? 여러분은 어떻게 생각하는가? 동의하는 항목에 체크해 보자.

　□ A. 강조 표시하기는 읽기 과제의 학습을 향상시키는 능동적인 과제로 변환시킨다.

　□ B. 강조 표시하기는 많은 학생이 사용하기 때문에 효과적일 것이다.

　□ C. 강조 표시하기는 효과적이지 않은 경우가 많다.

　□ D. 강조 표시하기는 무용지물이다.

선택지 A는 꽤 매력이 있는데, 형광펜으로 칠하는 행동이 여러분의 움직임을 활발하게 하는 것은 사실이기 때문이다. 하지만 연구에 의하면 행동적 활동이 아니라 인지 활동이 여러분을 공부하게 한다(Ponce & Mayer, 2014). 실제로 움직이는 모든 종류의 활동이 심층 학습에 필요한 인지 과정으로 자동 전환된다는 보장은 없다. 즉, 관련 정보에 주의를 기울이고, 그것을 일관된 구조로 조직화하여 장기기억에서 활성화되는 사전 지식과 통합하는 심층 학습으로 연결될지는 장담할 수 없다. 따라서 단순히 형광펜으로 표시하는 것이 실제 활동을 하는 것이라는 이유로 선택지 A에 현혹되어서는 안 된다.

선택지 B는 학생들이 일반적으로 강조 표시하는 행동을 한다는 연구결과가 보고되었기 때문에 매력적일 것이다. 실제로 최근 연구(Miyatsu, Nguyen, & McDaniel, 2018)에서는 설문 대상 학생의 절반 이상이 읽기 중 강조 표시를 학습 전략으로 활용한다고 결론 내렸다. 하지만 어떤 것이 인기 있다고 해서 그것이 반드시 효과적임을 의미하지는 않는다. 실제 강조 표시는 효과적이지 않다는 연구결과(Dunlosky, Rawson, Marsh, Nathan, & Willingham, 2013; Miyatsu, Nguyen, & McDaniel, 2018)를 보고하는 경우도 있기 때문에 강조 표시가 인기 있다 해서 선택지 B를 선택해서는 안 된다.

앞에서 언급한 바와 같이 강조 표시는 대중적인 학습 전략이지만 반드시 효과적인 것은 아니므로 선택지 C에 체크할 수 있다. 학생들이 경험이 부족해서 무엇이 중요하고 무엇이 아닌지를 구별하지 못하거나, 거의 모든 것에 강조 표시하는 것이 문제이다. 특히 어린 학습자들은 강조 표시를 오용하는 경향이 있다(Miyatsu,

Nguyen, & McDaniel, 2018). 요컨대, 학생들이 수업에서 중요한 것을 인식하기 위해서는 메타인지 기술이 필요한데, 이러한 기술이 부족할 때 강조 표시는 효과적이지 않다.

그렇다면 선택지 D에 명시된 대로 강조 표시가 무용지물이라는 뜻인가? 연구에 따르면 강조 표시가 효과적이기 위한 몇 가지 조건이 있다.

1. 강조 표시를 사용하는 방법에 대해 경험이 있는 경우(예: 성적이 좋거나 연령이 높은 학생)
2. 강조 표시하는 방법에 대한 교육이나 지침을 받은 경우
3. 요약 또는 개요 작성과 같은 다른 학습 전략과 함께 강조 표시를 사용하는 경우(Miyatsu, Nguyen, & McDaniel, 2018; Ponce & Mayer, 2014)

따라서 선택지 D는 옳지 않다. 보다시피 성공적인 학습자가 되기 위해서는 심층 학습의 첫 단계로 강조 표시를 사용하는 방법을 알아야 한다.

강조 표시 습관

강조 표시 학습 전략은 인쇄물의 중요한 부분에 밑줄을 긋거나 표시하는 것을 포함한다. 사람들은 읽으면서 강조 표시를 할 때 반드

시 더 잘 배우지는 않는다. 그러나 인쇄물에서 주요 아이디어를 올바르게 강조할 줄 알면 더 잘 배울 수 있고 더 심층적인 학습 전략(예: 요약 또는 개요)을 통해 후속 조처를 할 수 있다. 이를 강조 표시 습관(highlighting habit)이라 한다.

강조 표시의 장점은 사용하기 쉽다는 것이지만, 단점은 오용하기도 쉽다는 것이다(너무 많이 강조하거나 중요하지 않은 내용을 강조함). 강조 표시는 사용하기 쉽고 학생들 사이에서 인기가 있음에도 불구하고 혼자 공부하는 전략으로서는 여러분이 원하는 결과를 제대로 도출하지 못할 수도 있다. 자료의 구조를 보여 주는 개요를 구성하는 방법을 배우는 등 수업에서 무엇이 중요한지를 확인하는 교육 및 지침이 필요할 수도 있다. 개요를 알면 강조 표시를 할 중요한 내용이 무엇인지 알 수 있으며, 강조 표시를 한 내용에 번호를 매기고, 간추린 내용을 제목으로 작성할 수도 있다. 다시 말해, 강조 표시는 요약(성공 습관 #14 요약 습관 참조) 또는 개요(성공 습관 #15 매핑 습관 참조)와 같은 다른 연구 전략과 연계하여 강조 표시를 사용하는 방법을 알고 있을 때 가장 효과적일 수 있다. 성공적인 학습자가 되기 위해서는 여러분의 형광펜을 신중히 사용해야 한다.

그렇다면 무엇을 해야 하는가

강조 표시는 효과적일 수도(즉, 자료를 이해하는 데 도움이 되는), 효과적이지 않을 수도(즉, 인쇄물을 단어 대 단어로 외우는 데 도움이 되는) 있는 일반적인 학습 전략이다. 성공적인 학습을 위해 강조 표시를 하고 싶다면 다음 방법을 고려해 보는 것이 좋다.

1. 마음에 드는 강조 표시 도구를 구하라. 개인적으로 저자는 노란색 형광펜을 사용하는 것을 선호한다. 하지만 여러분은 다른 색의 형광펜을 사용하거나 연필 또는 펜으로 밑줄을 긋거나 원을 그리면서 자유롭게 사용할 수 있다.

2. 정의가 필요한 중요한 용어와 구절을 찾으면 노란색 형광펜을 사용하여 강조 표시를 하라. 아마도 여러분은 펜을 사용하여 용어에 화살표를 그려 정의에 추가할 수 있다.

3. 상위 및 하위 용어(예: 기억저장소 유형)를 발견하면 노란색 형광펜을 사용하여 하위 용어(예: '감각기억' '작동기억' '장기기억')와 상위 용어(예: '기억저장소')를 강조 표시하라. 또 펜을 사용하여 노란색으로 강조 표시된 상위 용어를 밑줄로 표시하고 노란색으로 강조된 각 하위 용어 앞에 작은 숫자를 추가할 수도 있다(예: '1' '2' '3'). 펜을 사용하여 직접 써도 된다.

4. 과정의 단계를 설명하는 내용이라면 노란색 형광펜을 사용하여 각 단계에 대한 주요 문구를 강조 표시한 다음 펜을 사용하여 각 단계에 화살표나 숫자를 추가하라. 또한 과정을 강조 표시하고 밑줄을 긋거나 펜을 사용하여 단계 옆에 과정의 이름을 간단히 작성한다.

5. 기억해야 할 중요한 내용을 보게 되면 노란색 형광펜을 사용하여 주요 단어를 강조 표시하라(간단한 세부 사항을 강조하는

추가 단어는 제외). 그리고 숫자나 기술 용어와 같은 가장 중요
한 정보에 밑줄을 긋는다.

6. 강조 표시는 요약 또는 매핑과 같은 다른 학습 전략과 함께 사
용하라. 예를 들어, 교재에 강조 표시를 한 후 강조 표시된 자
료를 사용하여 요약(성공 습관 #14 요약 습관)하거나 개요(성공
습관 #15 매핑 습관)를 작성할 수 있다.

강조 표시의 목적은 수업에서 중심이 되는 주요 용어 및 정의, 위
계 요소(예: 시스템의 일부), 과정의 단계, 중요한 사실, 정보 묶음을
찾을 수 있게 하는 것이다. 그냥 여러분이 마음에 드는 모든 문장에
밑줄이나 강조 표시를 해 놓는다면 여러분은 강조 표시의 도움을
받을 수 없게 될 것이다.

글상자 12. **강조 표시 습관 적용 방법**

이렇게 하세요	이렇게 하지 마세요
중요한 단어나 구를 발견하면 강조 표시 하라.	기억할 수 있도록 모든 문장을 강조 표시 하라.

참 고 문 헌

Dunlosky, J., Rawson, K. A., Marsh, E. J., Nathan, M. J., & Willingham, D. T. (2013). Improving students' learning with effective learning techniques: Promising directions from cognitive and educational psychology. *Psychological Science in the Public Interest, 14*(1),

4-58.

Miyatsu, T., Nguyen, K., & McDaniel, M. A. (2018). Five popular study strategies: Their pitfalls and optimal implementations. *Perspectives on Psychological Science, 13*, 390-407.

Ponce, H., & Mayer, R. E. (2014). An eye-movement analysis of highlighting and graphic organizer study aids for learning from expository text. *Computers in Human Behavior, 41*, 21-32.

성공 습관 #13
사전 훈련 습관:
플래시 카드 사용하기

루시의 리스트와 프랜신의 플래시 카드

루시(Lucy)는 스스로를 매우 모범적인 학생이라고 생각하는 편이다. 정치학 수업에서 교재에 낯선 용어가 많이 있다는 것을 알아차리고, 곧 있을 퀴즈를 준비하기 위해 첫 주 수업의 교재와 노트를 훑어보았고, 노란색 시트에 용어와 정의를 한 자 한 자 적었다. 정의를 베껴 적는 행동이 단어를 더 잘 기억하게 할 것이라고 믿고 있다. 지루한 과정이지만 루시는 시험을 치르면 반드시 성과를 거둘 것이라고 확신했다.

루시와 같이 수업을 듣고 있는 프랜신(Francine)은 단어와 뜻이 적힌 3×5인치 인덱스 카드를 항상 가지고 다닌다. 프랜신은 정치학 수업 교재와 필기 노트를 훑어본 후 카드 내용을 세심하게 구성했다. 그녀는 새로운 용어를 찾을 때마다 인덱스 카드의 한쪽에 작성하고, 용어 정의를 반대쪽에 적었다.

프랜신은 첫 번째 장과 첫 주 강의부터 이미 두꺼운 고무 밴드로 된 커다란 카드 묶음을 가지고 있었다. 그녀는 수업에 가면서 버스를 타거나, 공강 시간에 벤치에 앉아 있거나, 심지어 구내식당에 앉아 점심을 먹으면서 틈틈이 시간이 날 때마다 카드를 넘겨 보았다. 방법은 항상 같았다. 맨 위의 카드를 꺼내어 용어를 읽고 뜻을 떠올리려 하고, 카드를 뒤집어서 적혀 있는 뜻을 읽어 맞았는지 확인한 다음, 카드 더미의 맨 아래에 넣었다. 이런 식으로 일주일 동안 여러 번 반복했다.

목록을 이용한 학습 vs. 카드를 이용한 학습

루시는 자신이 만든 목록으로 공부하고 있고, 프랜신은 카드를 넘기는 식으로 공부하고 있다고 말할 수 있다. 그들은 정말로 효과적인 학습 전략을 사용하고 있는가? 또는 이 중 성공하지 못할 습관을 보이는 사람이 있는가? 여러분은 어떻게 생각하는지 동의하는 항목에 체크해 보자.

☐ A. 단순히 단어와 뜻을 하나하나 베껴 적는 것은 아마 정의를 공부하는 최고의 전략은 아닐 것이다.

☐ B. 많은 학생이 플래시 카드를 사용하기 때문에 플래시 카드 사용은 고려할 만하다.

☐ C. 플래시 카드를 사용해서 스스로에게 퀴즈를 내는 것은 자료를 공부

하는 데에 최상의 방법은 아니지만, 중요한 용어의 정의를 공부하는 것처럼 몇몇 상황에서는 도움이 될 것이다.

☐ D. 2가지 방법 모두 노트와 교재를 전혀 보지 않는 것보다는 효과적이다.

아마 대부분의 사람은 단어의 정의를 베껴 적는 것이 유용한 전략이라고 생각할 것이다. 베껴 적는 것이 교재를 읽거나 강의에서 들은 자료를 적극적으로 활용하게 되기 때문이다. 그래서 여러분은 선택지 A를 골랐을 것이다. 하지만 루시를 볼 때면 하나의 격언이 떠오른다. 실제 움직이는 활동이 아니라 인지적 활동이 학습을 유발한다. 그냥 베껴 적는 행위(즉, 단어 하나하나 적는 행위) 혹은 섀도잉(즉, 큰 소리로 단어를 반복하는 행위)은 실제 움직이는 활동이지만 학습 효과는 없다(Dunlosky, Rawson, Marsh, Nathan, & Willingham, 2013; Miyatsu, Nguyen, & McDaniel, 2018).

반면 자기만의 언어로 자료를 요약하는 것은 효과적이다(성공 습관 #14 요약 습관). 여러분의 기본적인 학습 형태가 단순히 글자를 그대로 받아 적는 것이라면 여러분은 성공적인 학생이 될 수 없을 것이다. 이것이 저자가 선택지 A를 고른 이유이다.

그렇다면 플래시 카드는 어떠한가? 여러분이 선택지 B를 골랐다면 많은 사람이 플래시 카드를 이용한다는 점에서 정답이다. 최근 연구에 따르면(Miyatsu, Nguyen, & McDaniel, 2018), 55%의 대학생들이 공부할 때 플래시 카드를 활용하는 것이 때로 공부에 도움이 된다고 답했다. 하지만 이 연구를 믿고 플래시 카드를 기본적인 학습 전략으로 활용하는 것은 옳지 않다(Dunlosky, Rawson, Marsh, Nathan, & Willingham, 2013; Miyatsu, Nguyen, & McDaniel, 2018). 그래서 저자는 B를 고르는 것을 주저하고 있다. 만약 프랜신과 같이 플래시 카드를 자주 보면서(성공 습관 #5 시간 습관) 자주 연습하는 시간을 분산시킨다면(성공 습관 #6 분산 습관) 효과적일 수 있다. 어떤 연구에서는 이미 공부한 카드는 빼는 것이 효과적이라고 본다. 하지만 많은 학생이 카드를 빼는 방법을 잘 모르는데, 보통 한 번 연습하고는 빼기 때문이다(Kornell & Bjork, 2008).

그렇다면 플래시 카드는 언제 유용할까? 사실 저자는 플래시 카드가 깊은 이해보다는 사실을 암기하는 데에 주로 사용되기 때문에 유용한지를 판단하는 데에 애를 먹었다. 하지만 암기가 필요한 경우, 플래시 카드를 사용하는 것은 적절하다. 예를 들어, 단어의 정의, 의학 용어, 외국어 단어를 외울 때 플래시 카드를 이용하는 것은 효과적인 것으로 나타났다(Miyatsu, Nguyen, & McDaniel, 2018; Schmidmaier, Ebersbach, Schiller, Hege, Holzer, & Fischer, 2011). 따라서 프랜신은 주요 용어의 정의를 공부하는 데 적절한 방식을 사용하고 있으며, 선택지 C는 고를 가치가 있다. 하지만 새로운 개념을 공부할 때 항상 이 방법을 사용하는 것은 추천하지 않는다.

마지막으로, 여러분은 아무것도 하지 않는 것보다 무언가를 하는 것이 더 낫다고 생각해 선택지 D를 선택했을 수도 있다. 학습 자료에 대해 생각하는 시간을 더 많이 쓰는 것에는 동의한다(성공 습관 #5 시간 습관). 하지만 안타깝게도 단순히 단어를 베껴 적는 행위는 그 내용에 대해 더 생각하게 하지 않기 때문에 학습 전략으로는 유용하지 않다. 만약 여러분이 성공적인 학습자가 되고 싶다면 학습 자료 묶음에 시간을 사용하는 더 좋은 방법들이 있다. 어떤 특정 상황(예: 몇몇 주요 정의를 외우는 경우)에서 플래시 카드를 사용할 수도 있지만, 이 장에서 제안하는 다른 원칙과 함께 사용해야만 한다.

사전 훈련 습관

한 조각의 정보를 외우는 것은 저자가 좋아하는 공부 방법이 아니다. 그래서 이 책의 대부분은 단순 암기보다는 자료를 이해하도록 돕는 전략을 충실히 전달하고 있다. 하지만 때로 어떤 과목에서는 외워야 할 자료가 있다는 것을 인정한다. 예를 들어, 수학에서는 주요 용어의 정의나 핵심적인 계산 공식을 외워야 하고, 생리학에서는 인체의 뼈 이름과 위치를 외워야 한다. 또한 컴퓨터 프로그래밍 과목에서는 주요 명령어의 이름과 정의를 외워야 하고, 외국어 공부를 위해서는 단어들을 외워야 한다. '개'를 의미하는 단어가 영어로는 'dog'이고 스페인어에서는 'perro'임을 외워야 하는 것이다. 이런 경우 기본적인 사실을 암기하면 수업에서 다루는 개념적인 자료를 이해하는 데에 도움이 될 것이다.

이는 사전 훈련 습관(pretraining habit)으로 이어진다. 사람들은 이미 주요 용어와 특성을 알고 있을 때 새로운 개념 자료를 더 잘 습득한다. 단어를 하나하나 무조건 반복하는 무차별 대입 방법(brute force method)은 효과적이지 않다. 그러나 다른 연상기억법(mnemonic techniques)은 일부 정보를 암기하는 데 효과적일 수 있다. 연상기억법은 암기법을 의미한다. 예를 들어, 질문이나 용어의 정의에 대해 답을 기억하고 싶을 때 플래시 카드 전략을 주의 깊게 사용하는 것은 효과적일 수 있다. 특히 분산 습관(성공 습관 #6), 간지 삽입 습관(성공 습관 #7), 시험 연습 습관(성공 습관 #17)과 함께 사용하면 효과적일 수 있다. 비록 정의와 같이 단어의 짝을 외우는 데 초점을 둔 플래시 카드는 자체 진단 시험으로 제한적인 것처럼 여겨질 수 있지만, 연구에서는 광범위한 자료에 대해 스스로에게 시험 연습의 기회를 제공하기 때문에 그것이 효과적인 전략이 될 수 있다는 것을 보여 준다. 광범위한 형태의 자체 진단 시험은 성공 습관 #17(시험 연습 습관)에서 이야기할 것이다.

핵심 단어법(keyword method)은 연관된 두 단어를 외우는 데(예: 하나의 언어를 다른 언어로 번역하는 경우)에 있어 가장 잘 확립된 연상기억법일 것이다. 핵심 단어법에서는 우선 'perro' 같은 자극어로 시작하여 예쁜 과일인 'pear'처럼 비슷한 소리를 내는 단어로 바꾼다. 이는 청각적 연결(acoustic link)이라고 부른다. 이어서 여러분은 개가 입에 배를 물고 행복하게 걸어가는 모습처럼 이에 해당하는 단어인 '개'를 머릿속으로 떠올릴 것이다. 이를 시각적 연결(imagery link)이라고 한다. 결국 저자가 여러분에게 'perro'의 뜻을 물으면, 여러분은 'pear'을 생각할 것이고, 이어서 입에 배를 물고 걸어가는 개의 모습을 떠올려 '개(dog)'라고 대답할 것이다. 핵심 단어법은 외국어 어휘 암기와 같은 상황에서 매우 효과적일 수 있지만, 학생들은 지루하다고 느껴서 이 방식을 멀리하는 경향이 있다. 학생들은 핵심 단어법에 대한 광범위한 교육이 필요하며, 이는 키워드를 구성하는 데 도움이 될 것이다.

전반적으로 플래시 카드나 핵심 단어법과 같은 연상기억법은 용어와 정의 또는 외국어 단어와 뜻처럼 쌍으로 암기해야 하는 상황에서는 성공적으로 사용될 수 있다. 그러나 활용이 어렵기도 하고, 이 방법은 단지 학습의 일부에서만 사용해야 한다.

그렇다면 무엇을 해야 하는가

플래시 카드는 공부할 때 가장 많이 사용되는 방법 중 하나이다. 성공적인 공부를 위해 이것을 가장 효과적으로 이용하는 방법을 알아보자.

1. 3×5인치의 인덱스 카드(원하는 다른 사이즈를 사용해도 된다)와 고무줄을 준비하라. 흰색 인덱스 카드가 좋지만, 줄이 있거나 분홍, 노랑, 파랑 등의 연한 색의 카드를 사용해도 된다.
2. 정의를 공부하는 것이 목적이라면 수업에서 다룬 핵심 단어를 고르라. 그리고 한쪽에는 단어를 적고 다른 한쪽에는 뜻을 적으라.
3. 제2외국어의 단어를 공부하려면 한쪽 면에는 사용하는 언어를 작성하고, 다른 쪽 면에는 배우려는 언어를 작성하라. 예를 들어, 영어를 기반으로 스페인어를 공부할 때, 한 면에는

'perro'라 적었다면, 다른 면에는 'dog'라 적을 수 있다.

4. 카드를 관리하는 방법을 계획하라. 교재의 한 장, 수업의 한 차시마다 카드의 양을 감당할 수 있는 양으로 제한해야 한다. 또한 완전히 익힌 카드는 빼는 것이 효과적이다(예: 세 번 연속으로 맞춘 카드). 플래시 카드가 준비되었다면 계속해서 반복하면 된다. 용어가 적혀 있는 면을 보고 정의를 읊어 보자. 말할 수 있다면 정답인지 확인해 보자. 맞았다면 구석에 작은 체크를 하거나, 모서리를 접는 등의 표시를 해 두자. 틀렸다면 구석에 × 표시를 하거나 모서리를 펼치자. 세 번 연속으로 맞았다면, 자랑스럽게 그 카드들을 따로 모아 고무줄로 묶어 두자. 모든 카드를 다 외울 때까지 이를 반복한다.

5. 플래시 카드와 함께 분산 습관(성공 습관 #6), 간지 삽입 습관(성공 습관 #7), 시험 연습 습관(성공 습관 #17)을 사용하라. 또 시간 습관(성공 습관 #5)에 따라 시간을 관리해야 한다.

플래시 카드는 저자가 선호하는 학습 전략은 아니지만, 몇 가지 주요 용어를 외우는 데 도움이 되는 기능을 제공한다. 플래시 카드는 적절한 자료를 제한적으로 사용할 때 주요 자료를 더 깊이 이해하기 쉽게 만들고, 성공적인 학습자가 될 수 있도록 도와준다.

글상자 13. 사전 훈련 습관 적용 방법

이렇게 하세요	이렇게 하지 마세요
자료를 이해하는 데에 중점을 두고 공부하기 전에 용어의 뜻을 파악하라.	고민 없이 그냥 용어를 공부하라.

참 고 문 헌

Dunlosky, J., Rawson, K. A., Marsh, E. J., Nathan, M. J., & Willingham, D. T. (2013). Improving students' learning with effective learning techniques: Promising directions from cognitive and educational psychology. *Psychological Science in the Public Interest, 14*(1), 4-58.

Kornell, N., & Bjork, R. A. (2008). Optimising self-regulated study: The benefits-and costs-of dropping flashcards. *Memory, 16*, 125-136.

Miyatsu, T., Nguyen, K., & McDaniel, M. A. (2018). Five popular study strategies: Their pitfalls and optimal implementations. *Perspectives on Psychological Science, 13*, 390-407.

Schmidmaier, R., Ebersbach, R., Schiller, M., Hege, I., Holzer, M., & Fischer, M. R. (2011). Using electronic flashcards to promote learning in medical students: Retesting versus restudying. *Medical Education, 45*, 1001-1110.

성공 습관 #14
요약 습관:
자기 말로 요약하기

복사기 캐리

캐리(Carrie)는 통계학 수업 강의실 첫째 줄에 앉아서 공책을 펴고, 손에는 연필을 쥔 채로 수업이 시작되기를 기다리고 있다. 교수가 강의를 시작하자마자 교수가 말하는 모든 단어를 적으려고 했다. 몇 개를 놓칠 때도 있지만 가능한 한 많이 기록하는 것이 중요하다는 것을 알고 있다. 칠판의 판서도 마찬가지이다. 교수가 칠판에 적은 내용도 노트에 적는다.

예를 들어, 교수가 "오늘은 제가 콜로라도를 여행했던 때를 떠올리게 하는 멋진 표준편차의 세계를 탐험할 것입니다."라고 말하면, 그녀는 수첩에 "오늘–표준편차의 멋진 세계 탐험–콜로라도 여행을 떠올리게 한다."라고 적는다.

캐리는 본인의 노트필기 기술을 자랑스러워한다. 자신의 관점에서는 교수가 말한 내용의 대본이 필기 노트이어야 하기 때문에 나

중에 다시 공부할 때 노트 속에 강의가 들어가 있을 것이다. 교수의 입에서부터 나오는 설명보다 공부하기에 더 좋은 것은 무엇인가?

받아 적는 것에 문제가 있을까

여러분은 캐리가 모범적인 공부 방법을 보여 주는 훌륭한 학생이라고 생각할 수 있다. 저자는 그녀가 성실한 학생이라는 점에는 동의하지만 그녀의 공부 방법이 효과적인지에 대해서는 신중히 고민해 봐야 한다고 생각한다. 다음 중 여러분이 동의하는 항목에 체크해 보자.

☐ A. 노트필기는 강의나 교재에 집중하지 못하고 주의를 분산시키기 때문에 효과적인 학습 전략이 아니다.

☐ B. 노트필기는 자주 사용되는 학습 전략이므로 효과적일 것이다.

☐ C. 말 그대로를 옮긴 노트필기는 훌륭한 학습 전략이다.

☐ D. 요약하여 작성하는 노트필기는 훌륭한 학습 전략이다.

만약 여러분이 선택지 A를 골랐다면 스스로에게 "노트필기를 왜 하지?"라고 질문할지 모르겠다. 또한 '만약 바쁘게 필기를 하면(노트에 쓰거나 컴퓨터로 작성한다면), 수업에 집중하거나 교수가 설명한 내용에 대해 생각할 수도 없잖아?'라고 생각할 수 있다. 겉으로는 맞는 지적처럼 보이지만, 연구결과에 의하면 그렇지 않다. 강의 중 노트필기 등의 능동적인 학습 전략을 효과적으로 실천한다면, 학습 역시 효과적으로 향상시킬 수 있기 때문이다(Dunlosky, Rawson, Marsh, Nathan, & Willingham, 2013; Miyatsu, Nguyen, & McDaniel, 2018; Fiorella & Mayer, 2015). 이러한 이유로 선택지 A를 고르는 것은 다시 생각해 보자.

노트필기가 인기 있는 학습 전략인 것은 사실이기에 여러분은 선택지 B를 고를 수도 있다. 여러 연구로부터 비롯된 1,500명 이상의 학생의 학습 전략에 대한 최근 연구(Miyatsu, Nguyen, & McDaniel, 2018)에서 30%의 학생들이 노트필기가 일반적으로 학습에 도움이 된다고 보고하였다. 하지만 모든 방식의 노트필기가 효과적인 것은 아니기 때문에 선택지 B를 고르는 것은 다시 생각해 보자. 노트필기를 한다고 무조건 성적이 오르는 것은 아니다. 어떻게 효과적으로 노트필기를 하는지 알아야 한다. 그러니 다음 선택지를 살펴보자.

복사기 캐리는 선택지 C를 제안한다는 것을 알 수 있지만, 학습 방식에 대한 캐리의 견해는 우리가 알고 있는 학습과학과 상충한다. 공부할 때 인지 과정에 영향을 미치는 필기 방법에 대해 생각해 보자. 의미 있는 학습이 이루어지려면 학습하는 동안 3가지 종류의 인지 과정이 필요하다(Fiorella & Mayer, 2015).

- **선택**(selecting): 관련 내용에 주의 집중한다.
- **조직화**(organizing): 머릿속으로 내용을 일관된 구조로 배열한다.
- **통합**(integrating): 새로운 정보를 장기기억에 저장된 정보에서 관련된 사전 지식과 연관 짓는다.

캐리처럼 말 그대로 옮겨 적는 노트필기를 할 때는 가능한 한 많은 단어를 적는 데 집중함으로써 제한된 인지 처리 능력을 소모하게 된다. 이것은 무엇이 중요한지 파악하거나(선택), 자료를 재구성하거나(조직화), 이미 알고 있는 것과 연결시킬(통합) 인지 능력이 남지 않는다는 뜻이다. 여러분은 몇 개의 단어를 외울 수 있을지는 모르겠지만 의미 있는 학습에 도움이 되는 인지 처리를 하고 있지 않다. 따라서 캐리의 접근 방식은 시험에서 성공하게 하지 못할 것이다. 시험은 학습 자료의 이해를 필요로 하기 때문이다.

반면에 선택지 D는 의미 있는 학습으로 이어질 수 있는 방식으로 노트필기를 활용하고 있다. 요약할 때 무엇이 중요한 내용인지 생각하고(선택), 선택한 자료를 단락의 구조로 조직해야 하며(조직화), 자신의 말로 표현해야(통합) 하기 때문이다. 연구에 따르면 읽거나 들을 때 요약하게 되면 시험 점수의 평균 0.5 표준편차가 향상되며, 이는 적어도 한 단계 이상의 학점을 올리기에 충분하다 (Fiorella & Mayer, 2015).

요약 습관

여러분이 요약하는 학습 전략을 사용한다면, 그것은 수업의 주요 내용을 요약하면서 자신의 말로 다시 적는 것을 의미한다. 요약 습관(summarizing habit)은 다음과 같다. 사람들은 수업의 주요 내용을 자신의 말로 요약할 때 더 잘 배운다. 복사기 캐리처럼 성공할 수 없는 공부 습관을 피하기 위해서는 요약하여 노트필기를 하고, 교수나 성공적으로 공부하고 있는 동료 학습자로부터 지도를 받으면 성공한 학생이 될 수 있다.

이처럼 노트필기는 일반적인 학습 전략이지만 여러 가지 방법으로 사용될 수 있다. 강의실에선 루크(Luke)가 컴퓨터 앞에 앉아 교수가 말하는 내용을 법정 기록처럼 타이핑하는 것을 볼 수 있을 것이다. 그의 옆에 앉은 루즈(Luz)는 컴퓨터 앞에 앉아 간결하고, 체계적이며, 자신의 단어로 요약 노트를 적는다. 둘 다 노트필기를 열심히 하고 있지만, 루크는 실패한 공부 습관을 사용하고 있는 반면, 루즈는 성공적인 공부 습관을 사용하고 있다.

그렇다면 무엇을 해야 하는가

요약 습관에 대해 알고 있는 내용을 바탕으로 다음 방법 중 하나를 사용하여 요약해 보는 것을 추천한다.

1. 강의를 들을 때 요약 노트를 작성하라. 오늘 날짜와 강의 주제로 시작해 주요 아이디어를 자신의 말로 요약하여 적는다. 단어를 최대한 적게 사용하여 적절한 요약을 만들고, 교수가 말하는 내용이나 슬라이드에 있는 내용을 모두 기록하려고 하지 않도록 조심한다.

2. 여러분이 교재를 읽을 때 수업 중에 노트필기를 하는 것처럼

공책이나 교재의 여백에 요약하여 노트필기를 하라.

3. 요약하는 습관을 강조 표시(성공 습관 #12 강조 표시 습관) 또는
개요(성공 습관 #15 매핑 습관)와 같은 다른 학습 전략과 함께
사용하라.

요약의 목적은 무엇이 중요한지를 선택하고, 일관된 구조로 조
직화하여 자신의 말로 표현하도록 하는 것이다. 요약 습관의 적용
방법은 다음 글상자에 있다.

글상자 14. 요약 습관 적용 방법

이렇게 하세요	이렇게 하지 마세요
수업의 주요 내용을 자신의 말로 요약 하라.	교수가 하는 말과 슬라이드의 단어 하나 하나를 전부 적으라.

참 고 문 헌

Dunlosky, J., Rawson, K. A., Marsh, E. J., Nathan, M. J., & Willingham, D. T. (2013). Improving students' learning with effective learning techniques: Promising directions from cognitive and educational psychology. *Psychological Science in the Public Interest, 14*(1), 4-58.

Fiorella, L., & Mayer, R. E. (2015). *Learning as a generative activity: Eight learning strategies that promote understanding.* New York: Cambridge University Press.

Miyatsu, T., Nguyen, K., & McDaniel, M. A. (2018). Five popular study strategies: Their pitfalls and optimal implementations. *Perspectives on Psychological Science, 13,* 390–407.

성공 습관 #15
매핑 습관:
지식 지도 만들기

시도해 보자

이 책의 서론 부분으로 돌아가서 두 번째 절 '학업 성공을 위한 탐색'을 읽어 보자. 해당 절을 읽을 때 2~3분 동안 종이에 연필로 한 페이지 이상 메모해 보자.

여러분이 대부분의 학생과 같다면, 다음 글상자에 쓰인 것과 같이 문장이나 구로 정리할 것이다.

> 동기-기회-방법(MOM)
> 성공적인 학습자가 되는 법
> 학문적 성공 찾기
> 배움을 위한 동기 설정하기
> 학습을 위한 환경 만들기
> 효과적인 학습 전략 모음
> 무언가를 공부할 때 MOM을 기억하기

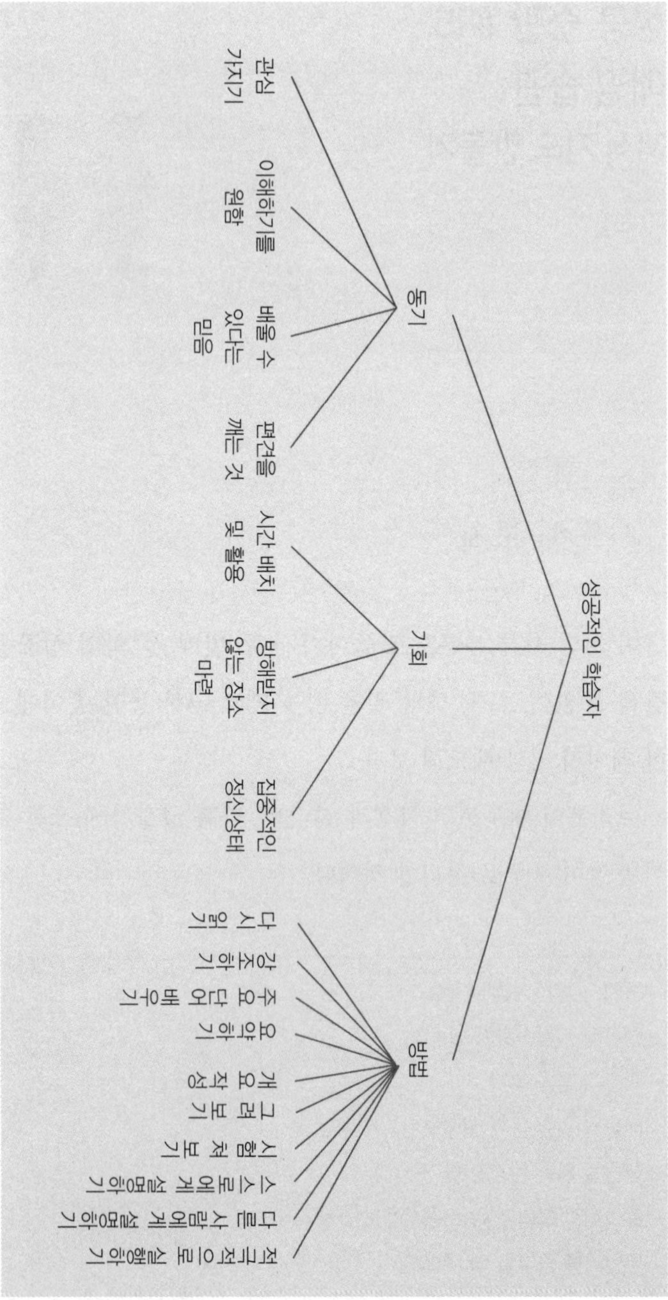

성공적인 학습자

동기
- 관심 가지기
- 이해하기를 원함
- 배울 수 있다는 믿음
- 편견을 깨는 것

기회
- 시간 배치 및 활용
- 방해받지 않는 장소
- 집중적인 정신상태

방법
- 다시 읽어하기
- 가추요약 따로 오려내기
- 주요요약 한 번 더 쓰기
- 개요 작성기
- 그림 제목 짓기
- 시험보게 외워쓰기
- 다른 사람에게 외워 설명하기
- 적극적인 외워쓰기

[그림 15-1] 지식 지도

여러분이 작성한 메모가 글상자 안에 있는 목록과 같은가? 그렇다면 여러분은 노트필기에 목록 전략을 사용하고 있는 것이다.

다음으로, 우리는 대안을 생각해 봐야 한다. 우리가 고려할 수 있는 1가지 대안은 [그림 15-1]과 같이 주요 개념을 정확히 찾아내고 위계적인 계층구조로 배열하는 매핑 전략이다.

보다시피 [그림 15-1]의 지식 지도는 상단의 '성공적인 학습자'로 시작하여 학습 전략의 3가지 유형이나 기능('동기' '기회' '방법')으로 연결되어 있다. '동기' 아래로는 '관심 가지기' '이해하기를 원함' '배울 수 있다는 믿음' '편견을 깨는 것'과 같은 전략들이 있다. '기회' 아래로는 '시간 배치 및 활용' '방해받지 않는 장소 마련' '집중적인 정신상태'와 같은 전략들이 있다. 마지막으로 '방법' 아래로는 '다시 읽기'부터 '적극적으로 실행하기'까지 몇 가지 전략이 있다. [그림 15-1]과 같이 지식 지도가 위계적인 구조를 취할 때, 주요 개념은 교차점이며 '유형' 또는 '예시'와 같은 관계를 나타내는 선으로 연결된다.

또 다른 방법으로 개요를 정리하는 일반적인 방법은 다음과 같다.

학습 전략의 기능

동기

관심 가지기

이해하기를 원함

배울 수 있다는 믿음

편견을 깨는 것

기회

　시간 배치 및 활용

　방해받지 않는 장소 마련

　집중적인 정신상태

방법

　다시 읽기

　강조하기

　주요 단어 배우기

　요약하기

　개요 작성 (……)

　개요 작성은 주요 아이디어가 공간적으로 배치되고, 하위 주제가 들여쓰기로 표시되는 매핑의 한 형태이다.

목록인가 매핑인가, 그것이 문제로다

　다음 중 어떤 접근법이 학업의 성공으로 이어질 가능성이 가장 큰가? 동의하는 항목에 체크해 보자.

　☐ A. 목록 형식으로 노트필기를 하는 것이 가장 좋다. 쉽게 만들 수 있고, 수업에서의 주요 정보들을 상기시키기에 좋기 때문이다.

　☐ B. 매핑에 의한 노트필기는 지루하고 헷갈리기 때문에 피해야 한다.

　☐ C. 매핑으로 노트필기를 하는 것이 가장 좋다. 학습자가 중요한 개념을

선택하고 일관된 구조로 배열하기 때문이다.

☐ D. 목록 형식으로 노트필기를 하는 것은 학습자가 단편적인 사실만을 기억하게 되므로 차선의 방식이다.

만약 여러분이 앞의 첫 번째 글상자의 목록을 보고 '정말 잘 했네! 핵심 정보만 골라서 깔끔하게 목록을 만들었네.'라고 생각했다면 아마도 선택지 A를 골랐을 것이다.

또한 두 번째 글상자의 지식 지도를 보고는 '많은 작업이 필요하고 엄청 복잡하네. 보통 사람들은 이렇게 노트필기를 하진 않지.'라고 생각할 수도 있다. 세 번째 글상자의 개요에도 같은 반응이 적용된다. 만약 여러분도 이러한 반응을 보였다면, 아마 선택지 B를 선택했을 것이다.

필기에 흔히 목록 전략이 사용된다는 가정(Fiorella & Mayer, 2017; Miyatsu, Nguyen, & McDaniel, 2018)도 맞겠지만, 연결되지 않은 채 단편적인 목록을 만들어 필기하는 학생들을 보면 걱정이 된다. 단편적인 목록을 작성해 필기하는 것이 학생들에게는 일반적인 전략일 수 있지만, 가장 효과적인 전략은 아니다(Dunlosky, Rawson, Marsh, Nathan, & Willingham, 2013). 자발적으로 매핑 전략을 사용하는 학생이 흔치 않다는 가정은 맞다(Fiorella & Mayer, 2017). 하지만 그 전략을 활용한다면 더 성공적인 학생이 될 수 있다고 생각한다. 만약 여러분이 첫 번째 글상자의 예시된 목록 작성 전략을 사용하고 선택지 A와 B를 선택했다면, 여러분은 실패한 학생이 되기 위한 공부를 하고 있는 것이다.

이때 여러분은 "목록 작성 전략이 차선책이라면 어떤 전략을 사용해야 하지?"라고 물을 수 있다. 매핑하여 노트필기를 하는 것은 효과적인 하나의 전략이다. 특히 학생들이 지식 지도를 만드는 방법에 대한 훈련과 지원을 받을 때 효과적이다(Fiorella & Mayer, 2015; Miyatsu, Nguyen, & McDaniel, 2018; Ponce, Lopez, & Mayer, 2012). 이러한 이유로 저자는 선택지 C와 D를 선택할 것이다. 이는 성공하는 학생이 되는 데에 적합한 선택지이다.

매핑을 하는 이유는 학습하는 동안 관련 자료를 선택하는 것과 같은 효과적인 인지 처리를 하게 하고, 일관성 있는 구조로 조직화하게 하며, 관련 사전 지식과 통합하게 해 준다. 한마디로 매핑은 다음의 인지 과정을 지원한다.

- **선택**(selecting): 주요 개념을 신중하게 선택하여 지식 지도에서의 접속점으로 활용한다.
- **조직화**(organizing): 개념 간의 관계를 보여 주는 위계구조(또는 개요)를 구성한다.
- **통합**(integrating): 텍스트를 어떻게 공간적으로 배치할지 사전 지식을 활용해 생각한다.

이와 달리 여러분은 주로 목록을 작성할 때 모든 것이 적절한지 확인하지 않고 주요 핵심 문구를 복사하여 정리하는 편이다. 작성할 수 있는 매핑 구조에는 여러 가지가 있지만, 가장 일반적인 것은 다음과 같다.

- 위계구조(hierachy): 상위 개념이 맨 위에 있고 두 번째 글상자의 매핑처럼 하위 개념의 '예시' 또는 '유형'이 연결된다.
- 매트릭스(matrix): 평균 체중, 평균 수명, 기질 및 일반적인 질병과 같은 특성으로 2개의 품종을 비교하는 것처럼 2개 이상의 개념에 해당하는 행과 차원에 해당하는 열이 있는 표이다.
- 순서도(flowchart): 하나의 뉴런이 다른 뉴런과 연결되는 단계와 같이 프로세스의 단계를 보여 주는 화살표가 있는 글상자들이다.
- 개요(outline): 가장 일반적인 형태의 매핑으로 세 번째 글상자에 설명한 것처럼 주요 개념과 들여쓰기로 표현되는 하위 개념을 포함한다.

텍스트를 위계구조, 매트릭스, 순서도, 개요로 변환할 때는 자료를 보다 의미 있게 부호화(encoding)하기 위해 심층적인 인식 과정을 수행해야 하며, 이를 통해 성공적인 학생이 될 수 있다.

매핑 습관

보다시피 성공적인 학생이 되기 위해서는 매핑 습관(mapping habit)을 고려해 볼 것을 추천한다. 사람들은 수업 교재의 내용을 공간적으로 나타내는 지식 지도(개요 포함)를 만들 때 더 잘 배운다. 오해하지 말자. 매핑은 지루하고 어려운 과정일 수 있다. 그것을 해결하기 위해서는 자신 있게 지식 지도를 작성할 수 있을 만큼 지식 지도를 구성하는 방법에 대한 조언과 도움을 받고 충분히 연습해야 한다. 또한 매핑은 아주 가끔 사용하는 것이 좋다. 특히 위계구조, 매트릭스, 순서도에 깔끔하게 맞는 자료의 경우 그렇다.

가장 기본적인 형태의 매핑은 개요이다. 이는 읽을 내용이 많을 때 사용하기에 적합하다. 개요에서는 왼쪽 여백에 정렬할 주요 아이디어를 선택하고 각 아이디어 아래에 들여쓰기로 하위 아이디어를 추가하는 등 공간을 사용하여 글의 구성을 나타낸다. 다른 매핑 전략과 마찬가지로, 개요는 주요 자료를 선택하고, 일관된 구조로 조직화하며, 사전 지식을 사용하여 텍스트를 개요로 바꾸게 된다.

어떤 형태의 노트필기라도 필기를 하지 않는 것보다 확실히 더 효과적일 수 있지만, 연구에 따르면 목록을 작성하여 필기하는 사람은 매트릭스 같은 지식 지도를 만드는 사람만큼 깊은 인지 과정(시선의 움직임으로 표시됨)을 거치치 않는다(Ponce & Mayer, 2014). 다행히 개요를 포함한 매핑을 통한 노트필기는 배워 둘 필요가 있는 학습 기술이다. 만약 여러분이 목록을 나열하는 방식에서 매핑으로 노트필기하는 방식으로 전환할 수 있다면, 이는 실패한 학생의 습관에서 성공한 학생의 습관으로 전환하는 것이다. 매핑의 힘은 여러분이 성공적인 학습자가 될 수 있게 도와줄 것이다.

그렇다면 무엇을 해야 하는가

매핑 습관을 효과적으로 사용하려면 다음의 방법 중 하나 이상을 시도해 보는 것이 좋다.

1. 교재를 읽을 때 노트나 책의 여백에 개요를 작성하라. 또는 강의 노트를 읽으면서 노트의 빈 공간에 개요를 작성하라. 강의를 들으면서 노트에 개요를 작성하라. 어떤 상황이든지, 날짜와 주제부터 적어야 한다. 최상위 표제를 몇 단어로 정리하고 병렬 구성을 사용해 왼쪽 여백을 따라 쓰자. 각 최상위 표제 아래에 두 번째 제목을 몇 단어로 정리해 각각의 행에 들여서 쓴다. 예를 들어, 이 책의 결론 장에 대한 개요의 상위 두 수준의 제목은 다음과 같다.

동기 유발 습관
　가치
　목표
　믿음
　위협 대응

관리 습관
　시간

분산

간지 삽입

주의 집중

불안 관리

마음챙김

학습 습관

다시 읽기

강조 표시

사전 훈련

요약

매핑

그리기

시험 연습

설명

가르치기

실행

계속해서 각 습관의 정의와 같은 세 번째 수준을 추가할 수 있다.

2. 강의를 듣거나 교재와 강의 노트를 읽을 때 앞서 설명한 개요와 같은 접근 방식을 사용하여 공책에 지식 지도를 작성하라. 예를 들어, 책의 결론을 논하는 장의 경우 페이지 상단에 최상위 개념을 쓰는 것으로 시작하여 각 개념을 타원형이나 직사각형에 넣은 다음, 그 아래에 두 번째 수준의 하위 개념을 작성한다. 두 번째 수준의 하위 개념은 각각 타원형 또는 직사각형에 넣고 최상위 개념과 연결선으로 연결한다.

3. 위계구조, 매트릭스, 순서도와 같은 중요한 정보에는 지식 매
   핑을 사용하라.
4. 개요는 강조 표시(성공 습관 #12 강조 표시 습관) 및 요약(성공 습
   관 #14 요약 습관)과 같은 학습 습관과 함께 사용하라.

매핑의 주요 특징은 선형 텍스트를 골라내어 공간적으로 배열하
는 것이다. 이렇게 하면 중요한 것과 다른 모든 것이 어떻게 조화를
이루는지 집중할 수 있게 해 준다.
다음 글상자에는 매핑 습관을 어떻게 적용해야 할지에 대해 요
약되어 있다.

글상자 15. 매핑 습관 적용 방법

이렇게 하세요	이렇게 하지 마세요
수업 자료의 개요 또는 지식 지도를 작성하라.	수업내용의 목록을 작성하라.

참고문헌

Dunlosky, J., Rawson, K. A., Marsh, E. J., Nathan, M. J., & Willingham, D. T. (2013). Improving students' learning with effective learning techniques: Promising directions from cognitive and educational psychology. *Psychological Science in the Public Interest, 14*(1), 4-58.

Fiorella, L., & Mayer, R. E. (2015). *Learning as a generative activity: Eight learning strategies that promote understanding.* New York:

Cambridge University Press.

Fiorella, L., & Mayer, R. E. (2017). Spontaneous spatial strategies in learning from scientific text. *Contemporary Educational Psychology, 49,* 66-79.

Miyatsu, T., Nguyen, K., & McDaniel, M. A. (2018). Five popular study strategies: Their pitfalls and optimal implementations. *Perspectives on Psychological Science, 13,* 390-407.

Ponce, H. R., Lopez, M. J., & Mayer, R. E. (2012). Instructional effectiveness of a computer-supported program for teaching reading comprehension strategies. *Computers & Education, 59,* 1170-1183.

Ponce, H. R., & Mayer, R. E. (2014). Qualitatively different cognitive processing during online reading primed by different study activities. *Computers in Human Behavior, 30,* 121-130.

성공 습관 #16
그리기 습관:
그림 그리기

프랜이 집중하는 방법

프랜(Fran)은 신경과학 수업 때문에 아주 많이 들떠 있다. 수업은 이번 주에 시작하지만, 그녀는 열심히 교재를 읽기 시작했다. 프랜은 도서관에서 가장 좋아하는 곳으로 미끄러지듯 다가가 앉고 섬세하게 책을 펼쳐 본다. 읽어야 할 부분은 신경 전달 과정부터 시작하는데, 하나의 신경세포가 다른 신경세포와 어떻게 소통하는지를 설명해 주는 내용이다. 책의 내용은 신경세포의 구조에 대한 설명으로 시작하여 '뉴런' '세포체' '축삭돌기' '수상돌기'와 같은 많은 전문 용어를 포함하고 있다. 프랜은 책에 완전히 집중하고 싶어서 자신을 방해하는 연필과 종이를 치웠다. 그녀는 문장 하나하나를 읽으며, 책 내용 외의 다른 것은 생각하지 않으려고 애썼다.

도서관의 반대편에서 프랭크(Frank) 또한 신경과학 교재 중 신경 전달 부분을 읽고 있었다. 하지만 공부에 대한 그의 접근 방식은 프랜의 접근 방식과는 조금 달랐다. 프랭크는 공책을 펼치고, 새로 깎은 연필을 손에 들었다. 뉴런의 구조를 설명하는 문단을 읽은 후, 그는 교재에서 설명된 주요 요소가 포함되도록 뉴런의 구조를 그리고 이름을 붙였다. 그는 시냅스(synapse)를 가로지르는 뉴런 간의 통신을 설명하는 부분에서도 마찬가지로 그림을 그렸다. 결국에 프랭크는 교과서에 묘사된 소재를 그린 그림 컬렉션을 완성했다. 그는 뛰어난 예술가가 아니어서 예술적으로 완벽하게 표현하기보다 시스템의 주요 부분과 과정에서 거치는 단계를 간단히 그렸다.

프랭크와 프랜이 되어 보자

두 학생이 교재를 공부하는 방법에 대한 여러분의 평가는 어떠한가? 동의하는 항목에 체크해 보자.

- ☐ A. 프랜은 교재에 집중하는 방법을 알고, 열정적이며, 효과적으로 공부하는 학생이다.
- ☐ B. 프랭크는 교재의 저자가 말하고 싶은 내용에 집중하기보다 그림을 그리려 애쓰며 주의를 산만하게 하고 있다.
- ☐ C. 프랜은 자료를 이해하려고 하지 않는 것 같다.
- ☐ D. 프랭크는 글을 그림으로 바꾸면서 내용을 이해하려고 한다.

여러분이 '프랜은 공부에 전념하는 학생이고, 교재에 집중하고 있다.'라고 생각했다면 선택지 A를 선택했을 것이다. 하지만 프랜이 하는 일을 보면, 저자의 말을 외우는 데 너무 몰두해 버린 나머지 주요 내용을 이해하지 못하는 게 아닐까 하는 걱정이 든다. 따라서 이 경우라면, 선택지 C를 선택할 수 있다. 프랜이 열심히 공부할지는 몰라도, 그녀는 내용을 이해하려고 노력하지 않는 성공하지 못한 학생의 특징을 보인다. 성공하고 싶다면, 교재에 있는 모든 단어를 읽는 것이 아니라 저자가 하는 말을 이해해야 한다.

여러분은 저자가 무엇을 말하고 있는지 교재에 집중해야 할 프랭크가 왜 그림을 그리느라 주의를 분산시키고 있는지 궁금했다면 선택지 B를 골랐을 것이다. 하지만 프랭크가 무엇을 하고 있는지 보면 성공한 학생의 특징인 내용을 이해하려는 모습이 보인다. 글을 그림으로 바꾸면서 핵심 용어에 집중하고, 용어 간의 관련성을 찾아내며, 심지어 사전 지식과 자료를 연관시키고 있기 때문이다. 요컨대, 프랭크는 성공적인 학생들이 하는 센스메이킹(sense-making)에 참여하려고 노력하고 있음을 알 수 있다. 여러분이 이 말에 동의했다면 선택지 D를 선택할 것이다.

그리기 습관

오해하지 말자. 프랜이 교재를 읽는 것으로 출발은 좋았지만, 만약 교재를 읽는 것만 했다면 실패한 학생의 공부 습관을 보여 주는 것이다.

센스 있는 사람이 되고 싶다면 본문 내용을 더 깊이 있게 다룰 수 있는 학습 전략을 적용할 필요가 있다. 프랭크는 그리기라는 학습 전략을 사용하고 있다. 이는 텍스트에 설명된 주요 자료를 묘사하는 그림을 그리는 학습 전략이다. 그리기를 통한 학습은 효과적인 학습 전략이라고 입증되었으며, 특히 과학 서적을 읽을 때 효과적이다(Dunlosky, Rawson, Marsh, Nathan, & Willingham, 2013; Fiorella & Mayer, 2015; Leutner & Schmeck, 2014; Schmeck, Mayer, Opfermann, Pfeiffer, & Leutner, 2014).

그리기는 다음 3가지 인지 목표를 달성할 때 가장 효과적이다.

1. 선택(selecting): 그림에 넣을 요소를 선택할 때는 본문의 중요한 부분에 집중해 본다.
2. 조직화(organizing): 여러 요소를 그림에 넣을 때, 일관성 있는 구조 속에 핵심 요소를 넣는 것이 좋다.
3. 통합(integrating): 글을 그림으로 변환할 때, 장기기억의 관련된 사전 지식을 활용하는 것이 좋다(Fiorella & Mayer, 2015).

이러한 이유로, 글로 된 자료를 공부할 때 그리기 습관(drawing habit)을 추천한다. 사람들은 수업 자료의 내용을 묘사한 그림을 그릴 때 더 잘 배운다. 그리기 습관은 그림에 어떤 요소를 넣어야 하는지 알아야 하는 것처럼 공부하는 동안 여러 가지 인지 과정을 지원할 때 가장 효과적이다(Fiorella & Mayer, 2015; Leutner & Schmeck,

2014). 또 예술적으로 아름답고 사실적인 그림을 그릴 필요 없이 간단한 도식 구성 요소를 그려 그림 그리기에 필요한 노력을 최소화하는 것이 좋다. 그리기 습관은 수업 자료를 위해 그림을 그리는 방법을 훈련하고 연습할 때 가장 효과적이다. 그러므로 더 많은 경험을 쌓을수록 더 도움이 될 수 있는 학습 전략이다(Fiorella & Mayer, 2015; Leutner & Schmeck, 2014).

그리기는 어느 정도 학습자의 노력이 필요한 학습 전략이지만, 적어도 과학 교재의 짧은 부분에는 효과가 있는 것으로 나타났다. 단순히 사실이나 스토리를 이야기하는 부분보다는 신경 전달 과정과 같은 시스템의 작동 방식을 설명하는 부분에서 이 학습 전략을 사용할 수 있다. 교재에 이미 인과관계의 시스템이 어떻게 작동하는지를 묘사한 삽화가 나와 있다 하더라도, 책에 있는 그림을 보기 전에 자신만의 그림을 그려 보는 것이 좋다. 이런 식으로 교재에 제시된 인과관계 시스템을 이해하는 데 도움이 되도록 그리기 습관을 사용할 수 있다. 만약 여러분이 논리 정연한 그림을 그릴 수 있다면, 여러분은 성공한 학습자가 되기 위한 길을 가고 있는 것이다.

이는 **연상 습관**(imaging habit)과 관련된 학습 전략이다. 사람들은 수업에서 설명하는 내용을 머릿속에 그림처럼 떠올릴 때 더 잘 배운다. 시작할 때 언급한 예시에서 프랭크는 신경 전달을 나타내는 다이어그램을 그리는 대신 다이어그램이 어떻게 그려질지 간단히 상상만 할 수 있었다. 학습자가 이미지에 포함할 적절한 요소를 선택하고, 머릿속으로 요소를 논리적 구조로 정렬하며 텍스트를 그림으로 변환하는 과정에서 관련 사전 지식을 적용할 때 연상 학습이 된다. 연상 학습은 시험 성적을 향상시키는 것으로 나타났으며, 충분한 사전 지식이 있고, 이미지에 들어갈 내용에 대한 훈련과 조언을 받았을 때 가장 효과적이다(Fiorella & Mayer, 2015; Leopold & Mayer, 2015). 특히 시스템의 작동 원리를 설명하는 이미지로 연상하기 적합한 내용을 읽었을 때 이미지로 연상하는 학습을 시도해 볼 수 있다. 그림을 그리고 연상하면서 공부하는 것은 생각하지 않고 읽는 잘못된 습관을 피할 수 있는 학습 전략이다.

그렇다면 무엇을 해야 하는가

그리기 습관은 까다로운 일이 될 수 있기에 다음 몇 가지 방식을 제안해 본다.

1. 연필로 그림에 포함시키고 싶은 부분을 간단한 목록으로 작성하라. 그림을 그릴 때는 이 목록만을 이용해 그림을 그리라.
2. 추가 세부 사항이 없고 사실적이거나 예술적으로 완벽할 필요 없이 단순한(또는 도식적으로) 그림을 그리라.
3. 부분에 대한 이름을 붙일 때 필요하다면 화살표를 그리거나 주석을 달자.

이것은 세상과 공유하는 예술 작품이 아니라 개인적 용도의 필기이다. 그림을 그리는 행위는 여러분이 예술가가 아니라 성공적

인 학생이 되는 데 도움이 될 수 있다. 다음 글상자는 그리기 습관
을 적용해야 할 것과 하지 말아야 할 것을 알려 준다.

글상자 16. **그리기 습관 적용 방법**

이렇게 하세요	이렇게 하지 마세요
글에서 설명된 주요 과정이나 구조의 그림을 그리고 각 부분의 이름을 붙이라.	연필을 사용하지 않고 교재의 각 문장을 집중해서 읽으라.

참고문헌

Dunlosky, J., Rawson, K. A., Marsh, E. J., Nathan, M. J., & Willingham, D. T. (2013). Improving students' learning with effective learning techniques: Promising directions from cognitive and educational psychology. *Psychological Science in the Public Interest, 14*(1), 4-58.

Fiorella, L., & Mayer, R. E. (2015). *Learning as a generative activity: Eight learning strategies that promote understanding.* New York: Cambridge University Press.

Leopold, C., & Mayer, R. E. (2015). An imagination effect in learning from scientific text. *Journal of Educational Psychology, 107*, 47-63.

Leutner, D., & Schmeck, A. (2014). The drawing principle in multimedia learning. In R. E. Mayer (Ed.), *The Cambridge handbook of multimedia learning* (2nd ed.; pp. 433-448). New York: Cambridge University Press.

Schmeck, A., Mayer, R. E., Opfermann, M., Pfeiffer, V., & Leutner, D. (2014). Drawing pictures during learning from scientific text:

Testing the generative drawing effect and the prognostic drawing effect. *Contemporary Educational Psychology, 39*, 275–286.

성공 습관 #17
시험 연습 습관:
시험 연습하기

룸메이트가 서로 동의하지 않을 때

젠(Jen)과 잔(Jan)은 기숙사에서 함께 살고 모든 것을 함께 하는 경향이 있다. 같은 시간에 일어나 구내식당에서 함께 밥을 먹고, 심지어 이번 학기에는 같은 심리학 수업을 듣는다. 두 학생은 모두 자신을 성실한 학생이라고 생각한다. 그들은 수업에 빠진 적이 없고, 노트필기를 하며, 정해진 대로 책을 읽고, 그 책에 메모한다. 지금까지 그들은 서로 다른 점이 없다.

그들이 일주일 내내 공부하는 시간은 같지만, 그 시간을 사용하는 방법은 조금 다르다. 젠은 이 시간을 이용해 강의 웹사이트에서 제공되는 수업 영상을 복습하고, 필기를 다시 읽으며, 교재의 해당 부분을 다시 읽고, 책에 적은 메모를 다시 읽는다. 그녀는 이것을 '파워스터디 모드(power-study mode)'라고 부른다. 왜냐하면 젠은 자료를 공부하는 것에 집중하고 있기 때문이다. 젠은 '이것보다 더 나은 게 과연 있을까?'라고 생각했다.

반대로 잔은 기억을 되살리기 위해서 노트를 훑어본다. 그러고는 책상에 앉아 컴퓨터로 강의와 책에 나오는 시험 문제의 답을 입력한다. 잔은 교수가 강의 웹사이트에 제공하는 기출 시험 문제를 모았다. 비록 교수가 시험에 기출 문제를 반드시 사용하는 것은 아니라고 말했지만, 이처럼 문제를 활용하여 공부한다. 예를 들어, 행동의 사회적 기반에 관한 이번 주 내용에서 나온 질문 중 하나는 '선입견의 위협이 무엇인지 설명하라.'이다. 잔은 시험의 한 질문에 답할 수 있는 시간이 약 5분인 걸 알기에 스스로 5분 안에 문제를 풀려고 한다. 잔은 '이것보다 나은 게 과연 있을까?'라고 생각한다.

어떻게 생각하는가

누가 더 효과적으로 공부하는 학생인가? 동의하는 항목에 체크해 보자.

☐ A. 젠이다. 왜냐하면 젠은 실제 수업 자료(course material)로 열심히 공부하므로, 교수님이 하신 말과 책의 내용을 정확하게 알 것이다.

☐ B. 잔은 아니다. 왜냐하면 잔은 있는 자료를 공부하는 데 집중하기보다 틀릴지도 모르는 답을 만드는 데 시간을 보내고 있기 때문이다.

☐ C. 잔이다. 왜냐하면 잔은 시험을 치르듯이 기억에서 필요한 자료를 인출하고 사용하는 연습을 하면서 더 깊은 인지 과정을 거치고 있기 때문

이다.

☐ D. 젠은 아니다. 왜냐하면 같은 자료를 반복해서 복습하는 것은 지루하고, 이해하기보다 단순 암기로 이어질 것이기 때문이다.

젠의 경우에는 괜찮아 보일 수 있다. 만약 수업내용을 배우는 것이 목표라면, 가장 좋은 접근 방법은 내용을 공부하고 다시 공부하고 또다시 공부하는 것이다. 이러한 사고방식을 가지고 있다면 여러분은 선택지 A와 B를 선택할 것이다.

표면적으로는 좋은 생각 같지만, 자료에 대한 에세이 질문에 답을 잘하는 것이 젠과 잔의 단기적 목표라고 생각해 보자. 젠의 접근방식이 이 목표에 적절한가? 확실히 장기기억에 내용을 저장하는 것은 좋은 시작이고, 성공을 위해서는 없어서는 안 될 일이다. 따라서 어느 정도 자료를 복습하는 것은 필요하다. 하지만 이것만 하는 건 공부의 반만 하는 것이나 다름없다. 시험을 칠 때 젠은 장기기억에서 자료를 인출하여 질문에 답을 해야 한다. 이 두 번째 목표를 달성하는 가장 좋은 방법은 잔과 같이 시험과 비슷한 문제를 푸는 것이다. 연구에 따르면 반복하여 복습을 하는 학생보다 복습을 한 후 스스로 시험을 보는 연습을 한 학생이 실제 평가에서 성적이 더 높은 것으로 나타났다(Brown, Roediger, & McDaniel, 2014; Dunlosky, Rawson, Marsh, Nathan, & Willingham, 2013; Fiorella & Mayer, 2015). 이러한 이유로 성공적인 학습 습관을 위해서는 선택지 C와 D를 선택해야 한다.

그렇다면 스스로 시험을 보는 방법은 무엇인가? 학습과학에서의 기본 원칙은 ① 필요한 배경지식과 ② 과제에 대한 연습이 있을 때 복잡한 인지 과제(예: 시험 문제에 답하는 것)에서의 수행을 향상시킨다는 것이다. 요약하자면, 여러분은 지식과 능력 모두 필요하다. 복습을 통해 강화될 수 있는 지식과 스스로 시험을 치러 보면서 목표가 되는 과제에 지식을 활용하는 능력을 필요로 한다. 문제에 필요한 사항에 맞춰 필요한 정보를 기억에서 찾고 조직화하는 연습은 시험에 필요한 기술을 연습하는 것이다. 물론 질문에 대답하는 것이 어렵다는 것을 감지하고 수정할 수 있다면 스스로 시험을 치르는 것이 가장 효과적이다.

시험 연습 습관

젠과 잔의 이야기는 여러분이 가지고 있는 도구상자에 새로운 학습 전략인 **시험 연습 습관**(self-testing habit)을 추가할 것을 제안하고 있다. 시험 연습은 수업에서 치러야 하는 시험과 유사한 시험을 스스로 연습해 보는 것이다. 사람들은 반복하여 복습할 때보다 복습하고 시험 연습을 할 때 더 잘 배운다. 시험 연습 학습 전략은 성공한 학생이 되고자 하는 모든 사람이 사용하는 전략 중 하나이다. 전반적으로 저자가 추천하는 사항은 명확하다. 제시된 자료(예: 노트 다시 읽기, 강의 비디오 다시 보기, 교재 다시 읽기)를 복습하는 데 모든 시간을 쓰기보다 일부는 복습을 하고 일부는 시험 연습을 하는 데 시간을 할애해야 한다.

그렇다면 무엇을 해야 하는가

시험 연습은 어려운 일이 될 수 있어 몇 가지 방법을 제안한다.

1. 학습 자료를 복습한 후에 학습 시간의 일부(아주 조금이라도 괜찮다)를 시험 연습에 사용하라. 그리고 다른 학습 습관을 적용한다. 여러분은 말하거나, 글로 쓰거나, 타이핑하면서 시험 연습 습관을 실천할 수 있다.

2. 백지에 책이나 강의에 대해 기억하는 모든 것을 다 적으라(또는 말로 해 보라). 이는 자료를 상기하는 데 중점을 두고 있기 때문에 고전적인 시험 연습 습관에 해당된다. 반면 3과 4의 방법은 시험 연습의 전통적인 기존 연구를 넘어선 제안이다.

3. 시험에 사용되는 문항과 일치하는 문항 형식을 만들라. 만약 시험이 에세이 문제를 포함한다면 에세이 답안 쓰는 것을 연습하라. 만약 계산 문제를 포함하는 시험이라면 계산 문제 푸는 연습을 하라. 정답을 고르는 데 집중하는 객관식으로 구성되어 있다면 이러한 종류의 문제를 연습하라.

4. 만약 시간이 남는다면, 각각의 답안에 대해 1(전혀 자신 없다)에서 10(매우 자신 있다)까지의 척도로 답안에 대한 자신감을 평가한 다음, 여러분의 답안이 맞는지(교재나 강의 노트에 기반을 두어) 비교하라. 그리고 책과 노트로 돌아가 어려웠던 문제 부분을 다시 복습한다.

여러분이 자기만의 스타일로 시험 연습 습관을 적용하기에는 아마도 아직 연습과 조언이 필요할지도 모르지만, 연구에 따르면 성공적인 학생이 되는 데에 이러한 노력은 여러분을 배신하지 않을 것이다. 다음 글상자에는 시험 연습 습관을 적용하는 방법이 요약되어 있다.

글상자 17. 시험 연습 습관 적용 방법

이렇게 하세요	이렇게 하지 마세요
공부한 자료에 대한 질문에 답하는 데 시간을 할애하라.	수업 자료를 복습하거나 정답을 검토하는 데에 시간을 전부 할애하라.

참 고 문 헌

Brown, P. C., Roediger, H. L., & McDaniel, M. A. (2014). *Make it stick: The science of successful learning.* Cambridge, MA: Harvard University Press.

Dunlosky, J., Rawson, K. A., Marsh, E. J., Nathan, M. J., & Willingham, D. T. (2013). Improving students' learning with effective learning techniques: Promising directions from cognitive and educational psychology. *Psychological Science in the Public Interest, 14*(1), 4-58.

Fiorella, L., & Mayer, R. E. (2015). *Learning as a generative activity: Eight learning strategies that promote understanding.* New York: Cambridge University Press.

성공 습관 #18
설명 습관:
자신에게 설명하기

빨래하며 공부하기

오늘 래리(Larry)는 빨래를 하는 날이다. 래리는 더러운 옷이 담긴 바구니를 들고 아파트 지하 세탁실로 내려가 세탁기에 옷과 세제를 넣고 동전을 넣은 뒤 시작 버튼을 누른다. 래리는 이제 20분 동안 미생물학 시험 공부를 할 수 있다. 주위에는 아무도 없었기에 근처 벤치에 앉아 노트와 교재를 펼치고 강의 자료들을 읽어 내려갔다. 세탁기가 멈추면 래리는 옷을 건조기로 옮기고 다시 20분간 시험 공부를 한다. 이런 식으로 래리는 조용히 앉아서 노트를 한 자 한 자 읽는다. 래리는 세탁 시간을 공부에 사용하는 것이 완벽하다고 생각했다.

기숙사 반대편에서 린다(Linda)도 빨래하는 날이다. 린다도 더러운 옷을 지하 세탁실로 가져와 세탁기와 건조기를 이용한다. 기숙사 건너편에 있는 그녀의 반 친구처럼 린다는 세탁하는 시간을 다가오는 미생물학 시험 준비에 사용하려고 한다. 주위에는 아무도 없었기에 린다는 책과 공책을 건조기 위에 올려 두고, 건조대를 단상 삼아 수업내용의 중요한 부분과 설명이 필요한 부분에 대해 강의하기 시작했다. 임시 강단에 행복하게 선 린다는 시험에 나올 중요한 부분을 큰 소리로 소리 내어 설명하면서 헷갈리는 부분을 명확히 하고 자료가 어떻게 서로 맞는지 이야기한다. 옷이 세탁기에서 돌아가는 동안 린다는 자료를 설명하는 선생님의 역할을 하는 것이 즐거웠다.

어떻게 생각하는가

래리와 린다 모두 세탁 시간을 공부에 사용한 것은 잘한 일이다. 하지만 누가 공부 시간을 더 잘 활용하고 있는가? 동의하는 항목에 체크해 보자.

□ A. 래리이다. 강의와 교과서에서 있는 내용을 정확하게 공부하고 있기 때문이다.

□ B. 린다는 아니다. 린다는 자료에 집중하기보다는 이야기를 만드는 데 시간을 보내고 있기 때문이다.

□ C. 린다이다. 자신의 말로 자료에서 무엇이 중요한지 결정하고, 어떻게 함께 작용하는지 설명하고, 그것에 대해 더 깊이 생각하기 때문이다.

□ D. 래리는 아니다. 단편적인 사실을 암기할 가능성이 크기 때문이다.

만약 여러분이 선택지 A나 B를 체크했다면, 여러분은 래리의 접근 방식을 선호하는 것이다. 확실히 래리는 강의(래리의 강의 노트에 기록되어 있다)와 교재(래리가 각 장을 대충 훑어본 것을 바탕으로 한다)에 집중함으로써 적절히 공부하는 것처럼 보인다. 노트와 교재를 다시 읽는 것은 분명 가치 있는 첫 단계이지만, 깊은 이해로 이어질 공부를 위해선 더 적극적인 학습 전략을 추가하고 싶을 것이다.

만약 여러분이 선택지 C나 D를 선택했다면 린다의 접근 방식을 선호하는 것이다. 린다의 접근 방식은 약간 바보같이 보일 수도 있고, 누군가 세탁실에 들어간다면 이에 대한 설명이 필요할 수도 있다. 하지만 이는 린다를 더 인지적으로 활동하게 만들고 더 깊이 배울 수 있게 해 주는 접근 방식이다.

우리는 린다의 이러한 행동을 자기 설명(self-explaining)이라고 부른다. 보통 대화를 통해 설명하는 방식을 자신에게 하는 것이다. 독백은 중요한 시스템의 작동 방식을 설명하고, 문제를 제기하며, 학습 내용과 사전 지식의 다른 점을 조정하는 작업이 포함된다. 연구에 따르면 자기 설명은 효과적인 학습 전략이다(Dunlosky, Rawson, Marsh, Nathan, & Willingham, 2013; Fiorella & Mayer, 2015; Rittle-Johnson & Loehr, 2017).

자기 설명은 어떻게 하는가? 자기 설명은 관련 자료에 주의를 기울이고, 정신적으로 일관된 구조로 구성하고, 장기기억에 있는 관련 사전 지식과 통합할 때 효과적이다(Fiorella & Mayer, 2015). 첫째, 수업 관련 자료 중 설명할 내용을 선택한다. 둘째, 자신에게 설명할 때 모순되는 것처럼 보이는 2가지 정보를 조화시키는 것을 포함하여 서로 다른 정보를 결합한다. 셋째, 자신에게 설명할 때는 말로 표현해야 하며, 이는 자료를 사전 지식과 연관 짓게 한다. 요약하자면 학습 자료에 대해 작은 강의를 스스로에게 하는 것과 같으며, 학습 자료를 자신에게 설명할 때 더 깊이 있게 이해하게 된다.

설명 습관

래리와 린다의 이야기는 성공적인 학생을 위한 도구상자에 자기 설명이라는 또 다른 학습 전략을 추가할 것을 제안한다. 자기 설명은 자신이 공부하고 있는 자료의 중요한 부분을 자신에게 설명하는 것을 의미한다. 저자는 이런 설명 습관(self-explaining habit)을 제안한다. 사람들은 수업내용의 주요 부분을 자신에게 자신의 말로 자세히 설명함으로써 더 잘 배운다. 만약 여러분이 자료를 이해하려고 노력하는 성공한 학생이 되고 싶다면 자기 설명을 학습 전략 도구상자에 넣어야 한다.

공부의 첫 단계로 필기를 읽는 것이 잘못된 것은 아니니 오해하지 말자. 그러나 자신에게 헷갈리는 부분을 설명하는 등 적극적인 학습 전략을 따르지 않으면 성공하지 못한 학생이 될 수 있다. 여러분은 자투리 시간에 노트의 모든 글자를 읽는 것이 성공하는 학생이 되게 한다고 생각할지도 모르지만, 사실 그게 전부라면 여러분은 성공하지 못한 학생처럼 행동하는 것이다. 이해가 필요한 부분, 조정해야 하는 헷갈리거나 상반되는 부분, 연결이 필요한 격리된 부분, 이미 알고 있는 것과 연관해야 하는 흥미로운 부분의 자료를 식별한다면 여러분은 성공한 학생처럼 행동하는 것이다. 공부하고 있는 부분을 좀 더 이해할 수 있게 만드는 부분을 노트에서 찾았다면 즐겁게 스스로에게 설명하면 된다. 이것이 성공한 학생의 접근법이다.

저자는 빨래 시간을 스스로 설명하는 데 쓰는 것이 내 대학 시절과 같아 마음에 든다는 것을 인정한다. 하지만 집에서 편안한 의자에 앉거나 숲속 나무 아래에 앉아서 자료에 관해 이야기하거나, 전자기기의 카메라를 이용해 스스로 작은 강연 영상을 녹화하는 등 자신에게 편안한 상황과 스타일에 맞춰 자기 설명 전략을 이용하는 것도 좋다. 여러분이 어떻게 자기 설명을 하든 목표는 항상 같다. 자신이 이해했다고 확신할 수 있도록 자신을 돕는 것이다. 가끔은 자신에게 설명하기 전까지 자신이 내용을 얼마나 잘 알고 있는지 모를 때가 있다.

자기 설명에 의한 학습은 **정교화 질문**(elaborative interrogation) 이라 불리는 기술과 밀접한 관계가 있다. 정교화 질문에서는 구절이나 문장에 대해 미리 정해진 질문('왜'라고 묻는 형태의 질문)을 자신에게 던진다. 예를 들어, '배고픈 남자가 차에 탔다.'라는 문장이 있다면, 여러분은 '그는 왜 차에 탔을까?'라는 질문에 대답하려고 할 수 있다. 저자는 이 장에서는 정교화 질문을 강조하지는 않는다. 주로 단편적인 사실을 기억하는 데 효과적이고, 어린 학생들에게 효과적이기 때문이다(Dunlosky, Rawson, Marsh, Nathan, & Willingham, 2013). 그러나 여러분은 자신만의 목적을 위해 정교화 질문을 적용할 수 있다.

그렇다면 무엇을 해야 하는가

설명 습관을 형성하는 것은 힘든 일이 될 수 있으므로 다음 몇 가지 방법을 제안한다.

1. 노트나 교재를 복습하기 위한 학습 시간(일부라도)을 자기 설명에 사용하라. 일반적으로는 말로 자기 설명을 할 수 있다.

2. 빈 세탁실, 숲속의 외딴 벤치 또는 방 안의 안락한 의자 등 자기 설명을 할 수 있는 적합한 장소를 찾으라. 교과서나 노트를 펼치고 설명이 필요한 중요하거나 헷갈리는 부분을 표시한다. 그리고 그 부분들을 작은 강의를 하듯이 자신에게 설명한다. 일어서서 설명해도 좋다. 또는 컴퓨터나 스마트폰을 이용해 짧은 강의 영상을 녹화할 수도 있다.

3. 노트를 다시 보고 '왜?' '어떻게?' 또는 '어떤 예상되는 결과가 있는가?'와 같은 유도 질문을 할 수 있는 부분을 표시하라. 그런 다음 앞에서 설명한 방법에 따라 각각의 세부 질문에 대해 간략한 설명을 한다.

4. 이미 강조했거나 요약한 노트나 교과서에 근거해 자기 설명을 강조 표시(성공 습관 #12 강조 표시 습관) 또는 개요 작성(성공 습관 #15 매핑 습관)과 같은 다른 학습 습관과 연계하여 사용하라.

자신에게 설명하는 습관은 처음에는 낯설게 느껴질 수 있지만,

약간의 연습과 조언이 있다면 훨씬 잘하게 될 것이다. 연구에 따르면 여러분의 노력은 그만한 가치가 있다. 다음 글상자에는 자신에게 설명할 때 해야 할 일과 하지 말아야 할 일이 요약되어 있다.

글상자 18. 설명 습관 적용 방법

이렇게 하세요	이렇게 하지 마세요
공부한 내용을 자신만의 말로 자세히 설명하라.	설명하거나 공들이지 않고 복습하라.

참 고 문 헌

Dunlosky, J., Rawson, K. A., Marsh, E. J., Nathan, M. J., & Willingham, D. T. (2013). Improving students' learning with effective learning techniques: Promising directions from cognitive and educational psychology. *Psychological Science in the Public Interest, 14*(1), 4-58.

Fiorella, L., & Mayer, R. E. (2015). *Learning as a generative activity: Eight learning strategies that promote understanding.* New York: Cambridge University Press.

Rittle-Johnson, B., & Loehr, A. M. (2017). Instruction based on self-explanation. In R. E. Mayer & P. A. Alexander (Eds.), *Handbook of research on learning and instruction* (2nd ed.; pp. 349-364). New York: Routledge.

성공 습관 #19
가르치기 습관:
다른 사람에게 설명하기

모 커피숍에서 만나요

패티(Patty)와 폴(Paul)은 그들이 참여하고 있는 '학습하는 법 배우기' 워크숍을 위해 2인 스터디 그룹을 구성하기로 했다. 워크숍은 여러분이 읽고 있는 책과 관련이 있다. 훌륭한 글임에도 불구하고 패티는 몇 가지 명확하지 않은 점이 있다고 생각하였고, 폴 역시 몇 가지 문제가 있다고 생각하였다.

그들은 화요일 오후 4시에 모(Moe) 커피숍에서 만나 자료에 대해 논의하기로 했다. 그들은 각자 책에서 논의된 부분을 포함하여 이해하지 못한 문제 3가지를 가져오기로 했다. 그들은 학생과 교사의 역할을 번갈아 가며 한 사람은 학생으로서 명확히 해야 할 점을 설명하고 다른 한 사람은 교사로서 자료를 설명하기로 하였다.

패티는 "고정관념 위협이 무엇인지 잘 모르겠어."라는 말로 시작하였다. 패티는 폴에게 책에서 그 용어가 사용된 단락을 보여 주었다. 폴은 패티와 함께 소리 내어 자료를 읽으면서 그 용어에 대해 자세히 설명하고 몇 가지 구체적인 예를 제시하려고 하였다. 폴은 자신의 능력을 다해 열변을 토하며 용어를 설명하였고, 패티는 생각보다 실제로 더 잘 이해할 수 있어 안도했다.

다음은 폴의 차례이다. 그는 '행렬'을 표시한 매핑을 보면서 다음과 같이 말했다. "나는 매핑이 행렬에 어떻게 작동하는지 이해되지 않아. 이 책은 계층구조의 예만 제공하고 있어." 패티는 행렬과 함께 매핑에 대한 문장을 읽으면서 자세히 설명하려고 했다. 그리고 패티는 두 항목을 비교하는 내용의 예제 텍스트를 만들고 어떻게 매핑하는지를 보여 주기 위해 행렬을 그렸다. "고마워. 이제 알겠어."라고 폴이 말했다. 패티는 자신의 설명이 성공하자 미소를 지었다.

패티와 폴은 목록에 있는 확인해야 할 항목을 모두 끝내고, 커피숍에서 훌륭한 커피를 다 마실 때까지 계속했다. 커피숍에서 나올 때 패티와 폴은 그들의 친구이자 워크숍 동료인 퀸시(Quincy)와 퀜타(Quenta)가 커피숍의 다른 구석에서 각자 책을 보고 있음을 알게 되었다. 패티와 폴은 그들에게 반가워하며 스터디 그룹에 대해 이야기하였지만, 퀸시와 퀜타는 스터디 그룹이 좋은 생각이 아닌 것 같다고 말했다. "너는 다른 사람의 문제를 듣거나 이미 알고 있는 것에 대해 이야기하는 데 시간을 낭비하고 있어."라고 퀸시가 말했다. "맞아. 나는 시간을 들여 책을 읽어야 공부할 내용에 집중할 수 있어."라고 퀜타가 덧붙였다.

Ps(패티와 폴)와 Qs(퀸시와 퀸타)를 주시하라

누가 옳을까? 혼자 공부하는 것이 좋을까, 아니면 다른 사람과 함께 공부하는 것이 좋을까? 여러분이 동의하는 항목에 체크해 보자.

☐ A. 공부하고 싶은 것에 집중할 수 있도록 혼자 공부하는 것이 좋다.

☐ B. 스터디 그룹에서는 이미 알고 있는 질문에 답하느라 시간을 많이 써야 해서 새로운 것을 배울 수 없다.

☐ C. 다른 사람에게 설명하는 행동은 그것을 더 잘 이해하게 한다.

☐ D. 명확히 해야 할 문제를 찾아내는 행동은 자신의 학습을 평가하는 데 도움이 된다.

어떤 학생들은 혼자 공부하기를 좋아한다. 여러분도 혼자 공부하는 것을 좋아한다면 아마 A와 B에 체크했을 것이다. 특히 이 책의 다른 장에서 설명한 습관 중 일부를 사용하는 경우 A에서 표현된 것처럼 혼자 공부하는 데에는 전혀 문제가 없다. 또한 함께 공부할 때 비효율적인 상황을 경험했다면 왜 B를 선택했는지 이해할 수 있다. 예를 들어, 몇몇 강사는 강의를 중단하고 옆에 있는 사람과 몇 분 동안 자료에 대해 토론하는 것을 좋아한다. 때로는 그 토론이 어색하거나 공허하고 전혀 자료에 초점이 맞춰져 있지 않다. 마찬가지로, 강의실에서 그룹으로 공부할 때 제대로 수행하지 않아 실제로 얻은 것이 없는 경험도 있다. 그런 경험 때문에 차선책인

B를 선택했다면 이해한다. 그룹으로 공부하는 경험이 모두 효과적인 것은 아니라는 연구결과들이 꽤 있기 때문이다(Fiorella & Mayer, 2014; Slavin, 2017).

그러나 C와 D의 잠재력을 고려해 보자. **가르침을 통한 학습**, 즉 다른 사람에게 자료를 설명할 때 더 잘 이해하고 학습할 수 있다는 연구결과들이 상당히 많이 있다(Fiorella & Mayer, 2013, 2014, 2015). D와 관련하여 수업에서 명확하지 않은 부분을 찾을 때 더 잘 배운다는 근거도 있다(Fiorella & Mayer, 2015). 이것은 저자가 앞 장에서 자기 설명이라고 부르는 것의 첫 번째 단계이다. 수업에서 완전히 이해하지 못하는 부분을 식별하는 것은 **이해 점검**(comprehension monitoring)이라는 중요한 메타인지 기술에 해당한다. 수업 중 도움이 필요한 부분을 선별할 때, 이해 점검이 작동하게 되므로 자신의 학습 과정을 점검하고 제어하는 기술을 향상시킬 수 있다.

전반적으로 Ps(패티와 폴)보다 Qs(퀸시와 퀸타)를 선호하는 경우 실패한 학생이 될 위험이 있다. 무리하게 함께 공부하는 그룹에 참여하고 싶지 않아 다른 전략을 선호할 수도 있다. 괜찮다. 그러나 성공적인 학생이 되는 기술을 개발하기 위해 기회가 주어졌을 때 다른 사람에게 자료를 설명할 기회를 잡고 싶을 수도 있다.

가르치기 습관

가르치며 학습하기는 여러분이 이미 공부한 자료에 대해 다른 사람을 가르치면서 이루어진다. 가르치며 학습하기 전략은 어떻게 작동하는가? 첫째, 선택(selecting)의 인지 과정으로 다른 사람에게 설명하기 위해 가장 중요한 요소를 분별하는 데에 도움이 된다. 둘째, 조직화(organizing)의 인지 과정으로 의미 있는 일관된 구조로 요소를 배치한다. 셋째, 통합(integrating)의 인지 과정으로 관련 사전 지식을 사용하여 자신의 말로 설명한다. 간단히 말해서, 여러분이 다른 사람에게 공부한 자료를 설명할 때 심층 학습을 이끄는 인지 과정에 참여하게 된다. 관련 자료를 선택하고, 일관된 구조로 조직화하며, 사전 지식과 통합하면서 심층 학습을 하게 된다. 이러한 이유로 저자는 가르치며 학습하는 습관[learning by teaching habit 또는 가르치기 습관(teaching habit)]을 제안한다. **사람은 자신이 공부한 자료를 다른 사람에게 설명할 때 더 잘 배운다.**

가르치며 학습하는 방법은 **동료 튜터링, 협동 학습, 협력 학습**이라는 이름으로 진행되는 교수법의 핵심 구성 요소이다. 각각의 접근 방식에서 동료 학습자와 함께 공부하고 그들에게 자료를 설명할 기회가 있다. 적절하게 그룹 학습 상황이 구성되지 않고 안내되지 않을 때, 적절한 교육과 경험이 없을 때, 자료를 이해하기보다 사실을 암기하는 데 집중할 때, 그룹 학습 참여에 대한 동기 부여가 되지 않을 때 함정이 있을 수 있다. 요컨대, 성공적인 학생이 되려면 가르치며 학습하는 전략을 효과적으로 사용하는 방법을 배워야 하며, 특히 자료에 대한 이해도를 높이는 데에 계속 집중해야 한다.

그렇다면 무엇을 해야 하는가

가르치기 습관을 최대한 활용하는 방법을 위한 권장 사항은 다음과 같다.

1. 그룹 스터디에 시간을 내어 온 힘을 다 쏟아부으라. 교대로 질문하며 답하고, 서로의 설명을 기반으로 서로 존중하는 분위기를 유지하고, 과제에 집중하는 것 등의 스터디 그룹 참여 규칙에 동의해야 한다. 교대로 하는 것처럼 모든 사람이 참여할 수 있는 시스템을 갖추라. 2명, 3명, 4명, 5명 또는 6명 등 관리 가능한 수의 그룹을 만든다.

2. 교재나 강의처럼 목표 자료를 선정하고 시작하라. 잠시 시간을 내어 메모를 검토하고 추가 설명이나 정교화 또는 명확히 할 필요가 있다고 생각되는 부분을 표시한다. 그룹 구성원별로 돌아가면서 자료의 한 부분을 설명하고 난 후 구성원들은 더 자세한 설명을 추가할 수 있다.

3. 교재나 강의처럼 목표 자료를 선정하고 시작하라. 잠시 시간을 내어 노트를 검토하고 도움이 필요한 몇 가지 질문을 적어둔다. 각자 돌아가면서 질문하고 다른 사람이 질문에 답한다. 그 이후 다른 학생이 답변에 대해 더 자세히 설명할 수 있다.

4. 목표 자료에 기반하여 도전적인 질문으로 시작하라. 각 질문에 대해 각 팀원은 차례로 답한다. 다른 팀원의 이전 답변을

바탕으로 추가한다. 서기는 칠판, 포스터 용지 또는 컴퓨터 화면에 각 답변을 요약하여 작성한다. 그런 다음 그룹은 답변들을 결합하여 일관된 답으로 정리한다. 이후 질문에서 답변 순서는 모든 사람이 먼저 참여할 수 있는 기회를 보장할 수 있게 조정한다.

수줍음이 많거나 혼자 공부하는 것을 선호한다면 가르치며 학습하는 학습 방법에 익숙해질 때까지 시간이 걸릴 수 있다. 혼자 공부하는 것을 선호한다는 점을 인정하지만, 다른 사람들과 자료에 관해 토론함으로써 얻을 수 있는 것이 많다. 여러분이 그것을 설명하거나 여러분의 설명을 다른 사람들의 설명과 비교할 때 더 분명하고 명확해질 수 있다. 다음 글상자에 가르치는 습관을 적용할 때 해야 할 것과 하지 말아야 할 것을 요약하였다.

글상자 19. **가르치기 습관 적용 방법**

이렇게 하세요	이렇게 하지 마세요
스터디 그룹에서 다른 사람에게 설명할 때 혼동되는 자료를 명확하게 하라.	스터디 그룹에서 조용히 앉아서 질문에 대한 답변만 들으라.

참고문헌

Fiorella, L., & Mayer, R. E. (2013). The relative benefits of learning by teaching and teaching expectancy. *Contemporary Educational Psychology, 38,* 281-288.

Fiorella, L., & Mayer, R. E. (2014). The role of explanations and expectations in learning by teaching. *Contemporary Educational Psychology, 39*, 75-85.

Fiorella, L., & Mayer, R. E. (2015). *Learning as a generative activity: Eight learning strategies that promote understanding.* New York: Cambridge University Press.

Slavin, R. E. (2017). Instruction based on cooperative learning. In R. E. Mayer & P. A. Alexander (Eds.), *Handbook of research on learning and instruction* (2nd ed.; pp. 388-404). New York: Routledge.

성공 습관 #20
실행 습관:
직접 해 보는 활동을
통해 배우기

완벽한 강의실

K 교수의 화학 수업에 온 것을 환영한다. 이른 아침 수업임에도 불구하고 학생들은 모두 꼼짝도 하지 않고, 하품도 하지 않으며, 강의실 앞쪽을 바라보며 제자리에 앉아 있다. 오늘의 수업은 K 교수가 가장 좋아하는 분자의 구조에 관한 것이다. K 교수는 칠판에 분자 다이어그램을 그리고 공과 막대 모형을 조작하면서 원자와 원자 사이의 연결에 대해 설명하고 있다. 학생들은 교수를 주의 깊게 보고 있다. 학생들은 모두 K 교수에게 훌륭한 학습자처럼 보인다. 시연을 통해 배우는 방법보다 더 좋은 방법이 있을까? 가만히 앉아서 주의 깊게 보는 방법보다 훨씬 좋다.

옆 강의실에서는 C 교수의 화학 수업이 진행 중이다. 이 강의실의 교수는 K 교수와 동일하게 원자로 시작하며 똑같이 시연한다. 다만 학생 개인별로 공과 막대기 모형을 제공한다는 점이 달랐다.

제3부 학습 방법을 위한 성공 습관

제3부 학습 방법을 위한 성공 습관

이 강의실의 교수는 칠판에 그려진 다이어그램의 일부에 해당하는 모형을 구성하고, 조작하면서 가리키고, 따라 하게 하였다. 이 학생들은 실행하면서 배운다. 즉, 학습할 때 물체를 물리적으로 움직이면서 배우는 것이다. C 교수는 교수자와 함께 분자 모형을 물리적으로 조작함으로써 더 잘 배울 것이라고 생각한다.

어느 강의실에서 더 잘 배우는가

이 두 수업의 학생들을 볼 때 여러분은 어떤 수업이 최고의 학습 전략을 보여 주고 있다고 생각하는가? 프레젠테이션에서 배우는 방법과 관련하여 동의하는 문장에 체크해 보자.

☐ A. 교수자가 시연할 때 주의를 집중시키고, 다른 일에 시간을 낭비하지 않는 것이 가장 좋다.
☐ B. 교수자가 시연하는 것에 해당하는 물체를 물리적으로 조작하여 '몸으로 배우는' 방법이 유용하다.

여러분은 K 교수의 수업을 보고 다음과 같이 생각할지도 모른다. '훌륭한 수업이다. 학생들은 교수자에게 집중하며 최고의 학습 능력을 보여 주고 있다.' 그리고 C 교수의 수업을 보고는 다음과 같이 생각할지도 모른다. '학생들은 모형을 만지작거리면서 주의가 산만하다. 그들은 아마도 교수자가 하는 행동을 놓치고 있을 것이다.' 그러면서 아마도 선택지 A를 선택했을 것이다.

그러나 K 교수의 수업에서 학생들이 하는 것을 보면 학생들이 '집중'하고 있다는 것이 기쁘지만 그래도 조금은 걱정된다. 보는 것과 배우는 것은 다르다. 가만히 앉아서 교수자를 바라보기만 하는 것은 실패한 학생으로 만들 수 있는 학습 전략이다. 교수자를 보는 것 외에도 학생들은 학습하는 동안 적절한 인지 처리에 참여해야 한다. C 교수의 수업에서 학생들이 하고 있는 것을 볼 때 그들이 더 깊이 배우기를 희망한다. 모형을 사용하여 시연을 따라 할 때 세심한 주의를 기울여야 하며 본 것을 행동으로 옮겨야 더 깊이 배울 수 있다. '배우지 않고 보기'의 함정을 피하려면 더 깊이 처리하도록 하는 성공적인 학습 전략을 적용해야 한다. 실행함으로써 학습하는 것이 이러한 전략 중 하나이다. 이것이 저자가 선택지 B를 선택한 이유이다.

실행 습관

실행에 의한 학습 습관[learning by enacting habit, 또는 실행 습관 (enacting habit)]은 다음과 같다. 사람들은 학습하는 동안 과제와 관련된 행동을 할 때 더 잘 배운다. 행동하면서 배울 때 학습 자료를 이해하는 데 도움이 된다. 그 예로, 화학 수업에서 교수자와 동일하게 분자 모형을 조작하는 행동이 이에 해당한다(Stull, Gainer, & Hegarty, 2018). 장치가 작동하는 방식에 대한 멀티미디어 강의(예:

타이어 펌프)를 볼 때, 장치의 플라스틱 모형을 조작하는 행동이 이에 해당한다(Mayer, Mathias, & Wetzell, 2002).

매뉴얼을 보면서 컴퓨터 프로그래밍을 배울 때, 물리적으로 숫자를 입력하거나 메모리 공간을 나타내도록 배열된 화이트보드에서 숫자를 지워 명령하거나 포인터로 목록을 이동하여 명령을 실행할 수 있다(Mayer, 1975). 부호 있는 숫자의 덧셈과 뺄셈을 수행하는 방법과 같은 수학적 절차를 배울 때 이것은 온라인 튜터링 시스템 내에서 숫자 라인을 따라 토끼를 움직이는 것으로 학습할 수 있다(Moreno & Mayer, 1999).

저자는 여러분의 학습 전략 글상자에 실행에 의한 학습 습관을 추가할 것을 제안한다. 실행에 의한 학습은 효과적인 학습 전략인 것으로 나타났다(Fiorella & Mayer, 2015; Lillard, 2016; Mayer, 1975; Mayer, Mathias, & Wetzell, 2002; Moreno & Mayer, 1999; Stull, Gainer, & Hegarty , 2018). 높은 수준의 사전 지식을 가지고 있거나 기본 개념과 자신의 실행이 어떻게 관련되어 있는지에 대해 충분히 연습과 안내를 받은 학생에게 특히 효과적이다(Fiorella & Mayer, 2015; Moreno & Mayer, 1999). 아울러 실행함으로써 배우는 방법을 적용할 때 유의할 필요가 있다. 학생들이 실행하는 북새통 속에서 수업의 중요한 내용과 다른 부분에 주의가 분산되는 것을 원치 않을 것이기 때문이다. 행동적 활동이 여러분을 적절한 인지 활동에 참여하게 한다고는 장담할 수 없다. 그러나 행동적 활동이 깊은 인지적 활동으로 전환되는 것은 분명하다. 실행함으로써 배우는 것이 수업을 놓치게 할 수 있다면, 더 관리하기 쉬운 학습 전략으로 변경하려고 할 것이다. 그러나 가만히 앉아서 지켜보는 것이 가장 좋은 학습 방법은 아니다.

그렇다면 무엇을 해야 하는가

여러분에게는 실행하는 습관이 다소 생소하게 보일 수 있으며, 공부하면서 이리저리 움직이는 것이 편하지 않을 수 있다. 그러나 특정 종류의 자료에 대해서는 실행하면서 학습하는 것을 시도할 수 있다. 이것을 시도하기로 결정했다면, 가장 효과적인 방법에 대한 제안은 다음과 같다.

1. 공부할 자료인 노트나 교재를 살펴보고, 실행할 수 있는 부분을 표시하라. 한 부분으로 시작할 수도 있다. 구체적으로 필요한 물체를 모으거나 만들라. 그런 다음 자료를 소리 내어 읽거나 큰 소리로 설명하면서 각 단계에 맞춰 물체(또는 몸)를 움직인다. 예를 들어, 3−(−2)를 푸는 방법을 설명하기 위해 −10에서 +10 사이의 연속적인 사각형으로 숫자 라인 보드를 만들 수 있다. 정사각형 중 하나에 들어갈 수 있는 작은 플라스틱 토끼와 같은 작은 토큰을 찾는다. "3."이라고 말하고 토끼(자신을 향함)를 +3 칸에 놓는다. 그런 다음 "빼기."라고 말하고 토끼가 숫자 라인의 빼기 쪽(즉, 왼쪽)을 향하도록 돌린다. 그런 다음 "음수 2."라고 말하고 토끼를 두 단계 뒤로 점프하여 +5 칸에

착지한다. 마지막으로 "답은 5야."라고 말한다.

2. 어떤 일을 어떻게 하는지를 알려 주는 비디오를 볼 때, 동일한 종류의 구체적인 자료를 가지고 비디오와 동기화된 단계를 수행하라. 예를 들어, 재봉틀에 실 끼우는 방법을 보여 주는 비디오에서 실제로 재봉틀을 앞에 두고 비디오에서 설명한 각 단계를 물리적으로 수행할 수 있다.

3. 학생들은 교수자가 시연하는 것을 보면서 책상에서 해당 자료로 동일한 시연을 수행하라. 예를 들어, 화학 수업에서 교수자는 두 분자가 결합할 때 어떤 일이 발생하는지 설명하기 위해 공과 막대기 모형을 사용하여 설명하고, 학생은 책상에서 공과 막대기로 동일한 단계를 수행할 수 있다.

여러분은 공부하고 있는 자료에 부합하는 실행 습관 활용 방법을 고안할 수 있다. 아울러 학습법을 위한 개인의 선호도에 따라 실행 습관 활용 방법도 생각해 볼 수 있다. 실행 습관은 제한된 양의 자료에만 적용될 수 있으므로 프로세스에 따라 실행하는 것처럼 가장 잘 적용될 수 있는 곳을 정확히 찾아내는 데 주의해야 한다. 다음 글상자는 실행 습관을 적용할 때 해야 할 것과 하지 말아야 할 것을 요약한 것이다.

글상자 20. **실행 습관 적용 방법**

이렇게 하세요	이렇게 하지 마세요
구체적인 물체나 몸의 움직임을 사용하여 실행하라.	공부할 때 항상 앉아 있으라.

참고문헌

Fiorella, L., & Mayer, R. E. (2015). *Learning as a generative activity: Eight learning strategies that promote understanding.* New York: Cambridge University Press.

Lillard, A. S. (2016). *Montessori: The science behind the genius.* New York: Oxford University Press.

Mayer, R. E. (1975). Different problem-solving competencies established in learning computer programming with and without meaningful models. *Journal of Educational Psychology, 67,* 725-734.

Mayer, R. E., Mathias, A., & Wetzell, K. (2002). Fostering understanding of multimedia messages through pretraining: Evidence for a two-stage theory of mental model construction. *Journal of Experimental Psychology: Applied, 8,* 147-154.

Moreno, R. & Mayer, R. E. (1999). Multimedia-supported metaphors for meaning making in mathematics. *Cognition and Instruction, 17,* 215-248.

Stull, A. T., Gainer, M. J., & Hegarty, M. (2018). Learning by enacting: The role of embodiment in chemistry education. *Learning and Instruction, 55,* 80-92.

결론

● ● ●

성공 학습을 위한 공부 습관 20가지

성공 학습 3단계

이 책에서 저자는 성공하는 학습자가 되기 위한 3가지 단계를 제안했다. 이러한 단계는 동기 유발 습관, 관리 습관 및 학습 습관 형성을 포함하고 있다.

성공적인 학습자가 되기 위한 첫 번째 단계는 학습 의지를 자극하는 전략을 개발하는 것이다. 이는 도전적인 학습 상황에 대처하고 지속하는 데 필요한 동기를 부여하는 데 도움이 된다. 저자는 이것을 **동기 유발 습관**(또는 동기 유발 전략)이라고 부른다. 왜냐하면 그것들은 자료를 이해하는 데 필요한 노력을 기울일 의지를 주기 위한 것이기 때문이다. 이것은 이 책의 서론에서 설명한 MOM(동기-기회-방법)의 동기 구성 요소에 해당된다.

성공적인 학습자가 되기 위한 두 번째 단계는 학습할 수 있는 최상의 기회를 제공하는 분위기를 조성하는 것이다. 저자는 이것을 관리 습관(또는 관리 전략)이라고 부른다. 왜냐하면 그것들은 학습 작업에 집중할 준비가 되도록 시간, 외부 환경 및 주의를 관리하는 데 도움이 되기 때문이다. 이것은 서론에서 설명한 MOM(동기-기회-방법)의 기회의 구성 요소에 해당한다.

마지막으로, 성공하는 학습자가 되기 위한 세 번째 단계는 여러분이 공부하는 학습 자료를 이해하는 데 활용할 수 있는 학습 지원 전략의 강력한 기술을 갖추는 것이다. 저자는 이것을 학습 습관(또는 학습 전략)이라고 부른다. 왜냐하면 학습하는 동안 심층 학습 결과를 가져오게 하는 인지 과정에 참여하는 데 도움이 되기 때문이다. 특히 생성적 학습에 참여할 수 있도록 하는 학습 전략이 필요하다. 이 학습 전략에서는 수업에서 관련 자료에 주의를 기울이고(즉, 선택하기), 여러분이 이해할 수 있는 일관된 구조로 조직화하는 것(즉, 조직화)과 같은 적절한 인지 정보 처리를 하며, 장기기억에서 활성화된 관련 사전 지식과 통합(즉, 통합하기)을 수행한다. 이것이 서론에서 설명한 MOM(동기-기회-방법)의 방법 구성 요소에 해당한다.

배우려는 노력을 키우는 동기 유발 습관 4가지

〈표 1〉과 〈표 2〉에는 학습 의지를 준비하기 위한 동기 유발 습관 4가지가 나열되어 있으므로 새로운 학습 과제를 수행하고 계속

할 동기를 갖게 된다. 여러분이 공부를 막 시작하는 것이 벅찬 일이라면 효과적인 동기 유발 습관을 갖추어야 한다. 또한 여러분이 학습 자료를 배우기 전에 공부를 포기하고 싶다면 효과적인 동기 유발 습관을 갖추어야 한다. 학습 동기를 활성화하는 것은 성공적인 학습자가 되기 위한 첫 번째 단계이다. 여러분이 내용을 이해하기 어려운 경우에도 배우기 위해 노력하는 동기가 필요하다. 여기에는 주어진 과제를 해결하기 위해 어떤 학습 전략이 도움이 될 것인지 파악하기 위한 노력이 포함된다.

배우려는 의지가 없으면 실패하는 학생이라는 함정에 쉽게 빠질 수 있다. 노력하려는 의지는 어디에서 오는가? 이 책의 제1부 '학습 동기를 위한 성공 습관'에서 설명했듯이, 노력을 기울이는 동기의 4가지 원천은 여러분의 흥미, 목표, 믿음 그리고 위협에 대한 대응이다.

〈표 1〉과 〈표 2〉의 첫 번째 줄에서 볼 수 있듯이 학습 동기는 개인의 흥미와 호기심에서 나온다. 간단히 말해서, 여러분의 좌우명은 '이것이 궁금하다.'이어야 한다. 공부를 시작하기 전에 잠시 시간을 내어 이 자료가 왜 여러분에게 가치 있고 흥미로운지 설명해 보기 바란다. 자료가 흥미롭지 않고 쓸모없다고 생각되면, 여러분은 이해하기 위해 열심히 노력을 하지 않을 것이고 성공적인 학습자가 될 가능성도 낮아진다.

〈표 1〉과 〈표 2〉의 두 번째 줄에서 볼 수 있듯이 노력하려는 의지 역시 학습에 대한 개인적인 목표에서 나온다. 개인적인 목표가 자료 숙달이라면, 좌우명은 '이것을 이해하고 싶다.'와 같을 수 있다. 이것은 **숙달 목표**라고 할 수 있으며 성공적인 공부를 위해 갖추

어야 할 일종의 목표이다. 여러분의 목표가 높은 점수를 받아 남들보다 뛰어나게 되는 것이라면 일종의 **성과 목표**가 있는 것이다. 이것은 동기를 부여할 수 있지만, 숙달 목표와 결합하면 가장 오래 지속된다. 여러분의 개인적인 목표가 주로 형편없는 일을 피하는 것이라면, 여러분은 열심히 공부하는 것을 그만둘 것이고 실패한 학습자가 될 가능성이 더 크다.

⟨표 1⟩과 ⟨표 2⟩의 세 번째 줄에서 보듯이, 열심히 공부하도록 동기를 부여하는 또 다른 방법은 학습자로서 자신에 대한 생산적인 믿음을 개발하는 것이다. 만약 여러분이 충분히 노력한다면, 그 학습 내용을 실제로 숙달할 수 있다는 것을 확인해 볼 수 있는 기회가 필요하다. 여러분이 공부하고 있는 자료를 배울 수 있는 유능한 학습자라는 관점으로 자신을 보도록 노력해야 한다. 여러분의 배움이 노력에 따라 결정된다고 생각한다면, 공부가 어려워질 때 더 열심히 할 가능성이 높아진다. 이것이 성공한 학생의 믿음이다. 그렇다면 여러분의 좌우명은 '노력하면 할 수 있다.'여야 한다. 학습이 주로 자신의 능력에 따라 결정된다고 생각한다면, 공부가 어려워질 때 노력을 덜 쏟는 실패한 학생이 될 가능성이 높아진다.

마지막으로, ⟨표 1⟩과 ⟨표 2⟩의 네 번째 줄에서 볼 수 있듯이, 동기 부여의 또 다른 중요한 측면은 다른 사람들의 사기를 떨어뜨리는 의견에 어떻게 대응하는지를 포함한다. **고정관념 위협**은 다른 사람들이 자신의 성과가 형편없을 것이라고 생각하는 타인의 관점에서 볼 때 발생한다. 젊은 여성의 친구가 "왜 물리학 쪽으로 가고 싶어 해? 그곳은 너를 위한 곳이 아니야."라고 말할 때, 그녀는 젊은 친구의 말을 귀담아 담지 않고 자신이 해야 할 공부를 열심히 하고 자신에 대한 자신감을 잃지 않음으로써 대응할 수 있다. 이것이 성공한 학습자로서, 여러분이 가져야 할 좌우명은 '어느 누구도 나를 포기하게 할 수 없다.'가 되어야 한다. 일단 여러분이 다른 사람들에게 자신이 아닌 타인의 학습자라고 정의하고 나면, 여러분은 실패한 학습자가 되기 위한 비탈길에서 미끄러지는 자신을 발견할 수 있을 것이다.

〈표 1〉 성공하는 학습자의 동기 유발 습관 4가지

습관	설명	좌우명
가치 습관 (value habit)	여러분은 학습 자료를 가치 있게 여기고 개인적으로 흥미를 가질 때 더 잘 배운다.	이것이 궁금하다.
목표 습관 (goal habit)	여러분은 공부하고 있는 자료를 숙달하는 것이 목표일 때 더 잘 배운다.	이것을 이해하고 싶다.
믿음 습관 (belief habit)	여러분은 노력하면 배울 수 있고, 실패와 성공은 고정된 능력보다는 주로 노력에 달려 있으며, 열심히 일하면 마음을 키울 수 있다고 믿었을 때 더 잘 배운다.	노력하면 할 수 있다.
위협 대응 습관 (threat habit)	여러분은 자신의 학습 능력에 대한 다른 사람들의 의견에 위협을 느끼지 않을 때 더 잘 배운다.	어느 누구도 나를 포기하게 할 수 없다.

〈표 2〉 성공하는 학습자의 동기 유발 습관 4가지 사례

습관	일반적 사례	구체적 사례
가치 습관 (value habit)	잠시 시간을 내어 여러분이 공부하고 있는 학습 자료가 당신에게 어떤 가치가 있는지 결정해 보라.	인간의 소화 시스템에 대한 수업을 듣는다면, 영양가 있는 음식을 먹는 것에 대한 여러분의 탐구가 도움이 될 수 있다는 것을 확인하라.

목표 습관 (goal habit)	여러분이 듣고 있는 수업의 숙달 목표와 수업 과정을 평가하는 방법 에 대해 설명해 보라.	여러분이 듣고 있는 수업의 수업 목표를 적어 보라.
믿음 습관 (belief habit)	열심히 노력하면 성공할 수 있는 능력 있는 학습자로서 자신에 대한 믿음을 강화해 보라.	효과적인 공부 전략을 사용하여 학 습 자료를 배울 수 있는 자신의 능 력을 자신에게 간략히 적어 보라.
위협 대응 습관 (threat habit)	여러분의 학습 능력에 대해 다른 사람들이 가질 수 있는 고정관념을 믿지 말라.	여러분에게 힘든 것을 발견했을 때, 여러분이 적용할 수 있는 학습 전략을 계획해 보라.

학습 환경 조성을 위한 관리 습관 6가지

〈표 3〉과 〈표 4〉는 학생으로서 성공할 수 있는 환경을 준비하기 위한 관리 습관 6가지를 보여 준다. 성공하는 학생이 되기 위해서는 시간 관리, 외적 환경 관리 및 내적 환경 관리 등의 관리 기술을 연마해야 한다. 여러분의 학습 환경을 준비하는 데 있어서 여러분은 배우기 위한 시간, 장소 그리고 준비된 마음이 필요하다. 이 책의 제2부에서 '학습 기회를 위한 성공 습관'이라는 제목 아래 설명된 관리 습관 6가지는 성공하는 학습을 위한 환경을 준비하는 데 필요한 전략을 갖추기 위한 것이다. 시간, 분산 그리고 간지 삽입 습관은 시간을 관리하는 데 도움이 되고, 주의 집중 습관은 외적 환경을 관리하는 데 도움이 되며, 불안 관리와 마음챙김 습관은 내적 환경을 관리(즉, 주의 집중)하는 데 도움이 된다.

막판에 벼락치기를 하거나, 공부하면서 친구에게 문자를 보내거나, 걱정으로 가득 찬 마음으로 공부하는 등과 같이 학습에 도움이 되지 않는 환경에서 공부하려고 한다면, 여러분은 실패한 학습자의 특징을 보여 주게 될 것이다. 성공하는 학습을 위한 환경을 어떻게 조성할까? 〈표 3〉과 〈표 4〉의 처음 세 줄에는 시간 관리를 위한 3가지 습관이 요약되어 있고, 〈표 3〉과 〈표 4〉의 네 번째 줄에는 외적 환경을 관리하는 습관이 요약되어 있으며, 〈표 3〉과 〈표 4〉의 마지막 두 줄에는 내적 환경을 관리하는 2가지 습관이 요약되어 있다.

〈표 3〉과 〈표 4〉의 첫 번째 줄에 있는 시간 습관부터 살펴보면, 성공하는 학습자가 되기 위한 중요한 단계는 공부를 위한 헌신적인 시간을 따로 두는 것이다. 이 습관을 익히기 위해서 여러분의 좌우명은 '공부할 시간을 만든다.'와 같아야 한다. 구체적인 공부 기간은 여러분의 주간 계획의 일부가 되어야 한다. 만약 여러분이 공부하는 것에 대한 접근법에 있어 언제 공부할지에 대한 계획이 포함되어 있지 않다면, 여러분의 접근법은 실패한 학습자의 접근법과 일치한다. 성공한 학습자들은 배움이 생산적인 공부에 참여하는 시간의 양과 직접적으로 관련이 있다는 것을 이해하고 있다.

단지 공부하는 시간을 할당하는 것도 좋은 첫 단계이지만, 그 시간을 어떻게 효과적으로 사용할 수 있는가에 대한 습관도 길러야 한다. 〈표 3〉과 〈표 4〉의 두 번째 줄에 요약되어 있듯이 분산 습관을 적용하면 시험 직전에 한꺼번에 공부하지 않고 시간이 지남에 따라 여러 번에 걸쳐 학습하게 된다. 성공하는 학습자로서 여러분의 좌우명은 '마지막 순간까지 기다리지 않는다.'가 되어야 한다. 만약 여러분이 마지막 순간에 벼락치기를 선호한다면, 여러분은 실패한 학습자의 습관을 보여 주고 있는 것이다. 주 단위 또는 학기에 걸쳐 분산된 여러 개의 학습 기간을 계획하면 이러한 상황을 방지할 수 있고, 그럼으로써 성공하는 학습자의 습관이 펼쳐지게 된다.

마찬가지로, 간지 삽입 습관에 대한 〈표 3〉과 〈표 4〉의 세 번째 줄에서 볼 수 있듯이, 시간을 관리하는 효과적인 방법은 특히 기간이 긴 경우, 공부하는 동안에 여러 가지 다른 주제 또는 과목을 번갈아 가면서 학습하는 것이다. 성공하는 학습자로서 여러분의 좌우명은 '다른 주제(또는 과목)들을 교대로 공부한다.'가 되어야 한다. 같은 자료를 몇 시간씩 공부하면 공부 효율이 떨어질 수 있다. 다른 코스에서 다양한 종류의 자료를 쪼개어서 공부할 때, 여러분의 공부는 더 효과적일 수 있다.

일단 여러분이 시간을 적절하게 계획했다면, 방해물이 없이 공부할 수 있는 장소를 찾아야 한다. 이 과업은 〈표 3〉과 〈표 4〉의 네 번째 줄에 설명된 대로 주의 집중 습관을 통해 수행된다. 성공하는 학습자로서 여러분의 좌우명은 '방해물이 없는 영역을 만든다.'가 될 수 있다. 만약 여러분이 시끄러운 음악을 틀어 놓거나, 큰 게임 소리를 내며 공부하는 것을 좋아하거나, 최신 트윗이나 문자메시지 대화에 참여하기 위해 휴대폰이나 노트북을 열어 놓고 공부하는 것을 좋아한다면, 여러분은 방해물이 없는 영역을 잘 만들어 내지 못하고 있는 것이다. 이러한 방해물들을 피하고 멀티태스킹을 하지 않는 습관을 기르기 위해 여러분은 개인적인 좌우명으로 '멀티태스킹을 하지 않는다.'를 추가할 수 있다. 여러분에게 가장 좋은 방법은 집이나 캠퍼스 내 또는 근처에서 언제든지 안심하고 공부할 수 있는 공간을 만들거나 찾는 것이다.

일단 공부할 시간과 장소가 있다면 공부할 준비가 된 마음도 확실하게 할 필요가 있다. 〈표 3〉과 〈표 4〉의 다섯 번째 줄에 요약되어 있듯이, 불안 관리 습관은 부정적인 생각과 걱정으로부터 마음을 자유롭게 하여 자료를 공부하는 일에 집중할 수 있도록 한다. 여기서 여러분의 개인적인 좌우명은 '걱정하는 마음이 없다.'가 되어야 한다. 물론 여러분의 불안을 관리하는 것은 스스로에게 "걱정하지 마라."라고 말하는 것 이상을 요구하는 어려운 일이 될 수 있다. 하지만 만약 부정적인 생각이 여러분의 공부 기간을 지배하도록 내버려 둔다면, 여러분은 공부의 성공 가능성을 줄이는 것이다. 단지 시간을 확보하는 것만으로는 충분하지 않다. 스스로 성공하는 학습자가 되기 위해서는 '걱정하지 말라.'라는 마음가짐을 가져야 한다. 하지만 만약 여러분의 부정적인 생각이 여러분의 공부 기간을 지배하도록 내버려 둔다면, 여러분의 공부 성공 가능성은 줄어들게 될 것이다. 시간을 들여서 공부하는 것만으로는 충분하지 않다. 성공하는 학습자가 되기 위해서는 생산적인 시간, 즉 학습해야 할 자료에 적극적으로 집중하는 시간을 투자해야 한다.

마찬가지로 〈표 3〉과 〈표 4〉의 여섯 번째 줄에 요약되어 있듯이, 마음챙김 습관은 다른 생각들로 마음을 산만하게 하기보다는 공부하는 일에 주의 집중하는 것을 의미한다. 여기에서 성공적인 학습자로서 여러분의 좌우명은 '과제에 집중한다.'가 된다. 주의 집중은 성공적인 공부를 위해 중요한 소중한 자원이다. 오늘 친구가 당신을 왜 무시했는지, 아니면 언제 심부름을 하러 갈지 고민하고 있다면, 여러분은 학습할 자료를 생각하고 있는 것이 아니다. 학습하는 동안 여러분의 주의 집중 관리를 배우는 것은 수년간의 훈련과 연습이 필요할 수 있는 중요한 도전이며, 이것은 성공하는 학습자가 되기 위해 핵심적으로 요구되는 관리 습관이다.

〈표 3〉 성공하는 학습자의 관리 습관 6가지

습관	설명	좌우명
시간 습관 (time habit)	집중적인 공부에 시간을 할애할 때 더 잘 배운다.	공부할 시간을 만든다.
분산 습관 (space habit)	공부를 할 때 한 번에 몰아서 집중하기보다는 시간을 두고 여러 번 나누어 공부할 때 더 잘 배운다.	마지막 순간까지 기다리지 않는다.
간지 삽입 습관 (interleaving habit)	하나의 주제를 가지고 계속 공부하기보다 여러 주제를 번갈아 가면서 공부할 때 더 잘 배운다.	다른 주제들을 교대로 공부한다.
주의 집중 습관 (multitasking habit)	공부하는 동안 외부의 방해물이 없을 때 더 잘 배운다.	방해물이 없는 영역을 만든다.
불안 관리 습관 (anxiety habit)	걱정에 대한 부정적인 생각이 없을 때 더 잘 배운다.	걱정하는 마음이 없다.
마음챙김 습관 (mindfulness habit)	공부하는 과제에 집중할 때 잘 배운다.	과제에 집중한다.

〈표 4〉 성공하는 학습자의 관리 습관 6가지 사례

습관	일반적 사례	구체적 사례
시간 습관 (time habit)	공부 시간을 포함하도록 일정을 계획하라.	달력에 구체적인 학습 자료를 공부하는 시간을 기록하라.
분산 습관 (space habit)	여러 번에 걸쳐 공부할 수 있도록 시간 간격을 두고 일정을 계획하라.	달력에 학기 내내 공부할 수 있는 많은 시간을 확보하여 기록하라.

간지 삽입 습관 (interleaving habit)	공부할 때에 여러 주제를 가지고 공부할 수 있도록 일정을 계획하라.	달력에 다양한 주제로부터 구체적인 학습 자료의 항목을 각 공부 시간에 기록하라.
주의 집중 습관 (multitasking habit)	방해물, 시끄러운 음악 그리고 개인용 전자기기 등이 없는 공부 장소를 찾거나 만들라.	공부할 때는 핸드폰을 꺼 두라.
불안 관리 습관 (anxiety habit)	걱정에 대한 부정적인 생각을 머릿속에서 깨끗하게 지우라.	여러분의 감정을 요약한 문장을 써 보라. 자신에게 격려하는 말을 하라.
마음챙김 습관 (mindfulness habit)	학습 과제에 주의 집중하는 습관을 유지하라.	명상을 통해 마음을 깨끗하게 비우라.

생성적 학습을 조성하는 학습 습관 10가지

이제 여러분이 학습하기 위한 동기와 기회를 만들었으니, 여러분의 다음 단계는 학습을 촉진시키기 위한 효과적인 전략, 즉 방법을 적용하는 것이다. 〈표 5〉와 〈표 6〉에는 이해를 이끄는 심층 학습으로서 생성적 학습을 조성하기 위해 의도된 성공하는 학습자의 학습 습관 10가지가 제시되어 있다. 생성적 학습에서 여러분은 수업 관련 자료에 주의 집중하고(즉, 선택하는 인지 과정에 참여), 정신적으로 그것을 여러분이 이해할 수 있게 만드는 일관된 구조로 조직하고(즉, 조직하는 인지 과정에 참여), 장기기억으로부터 활성화된 관련 사전 지식과 들어오는 정보를 통합한다(즉, 통합의 인지 과정에 참여). 각각의 학습 습관(또는 학습 전략) 10가지는 여러분이 공부할 때 이러한 3가지 인지 과정(선택-조직-통합)을 우선하기 위한 것이다.

다시 읽기(rereading), 강조 표시하기(highlighting), 사전 훈련하기(pre-training), 요약하기(summarizing), 매핑하기(mapping), 그리기(drawing), 시험 연습하기(self-testing), 설명하기(self-explaining), 가르치기(teaching) 그리고 실행하기(enacting)의 학습 습관 10가지는 이 책의 제3부 **학습 방법을 위한 성공 습관**에 해당된다. 효과적인 학습 습관을 사용하지 않으면, 책에 제시되거나 강의에서 말하는 내용을 그대로 암기하려고만 하는 학습의 위험에 직면하게 된다. 이것은 배움에 있어 실패하는 방법이다. 여러분이 이러한 학습 습관 10가지로부터 건강한 선택을 할 수 있는 능력을 갖추면, 생성적 학습에 참여하게 되어 학습 자료를 보다 깊이 있게 학습할 수 있는 방법을 마련하게 된다. 여러분을 위한 성공하는 학습 방법은 여러분의 학습 과제에 이러한 학습 습관들 중 하나 이상을 적용하는 것이다.

〈표 5〉와 〈표 6〉에 나열된 성공하는 학습을 위해 제시된 처음 3가지 공부 습관은 일반적으로 사용되며, 그중 다시 읽기, 강조 표시 및 사전 훈련하기(예: 플래시 카드 사용)와 같은 습관은 여러분이 이미 사용하고 있을 수 있다. 그러나 표의 나머지 부분에 나와 있는 보다 강력한 기술과 함께 사용하면 이러한 공부 습관의 유용성을 높일 수 있다. 여러분과 함께 '일반적인 3가지' 공부 습관을 살펴보면서 그것이 무엇을 의미하는지 살펴보고자 한다.

〈표 5〉와 〈표 6〉의 첫 번째 줄에서 보듯이, 다시 읽기 습관은 여러분이 내용을 한 번 이상 읽을 때 흔히 사용되는 학습 습관이다. 생성적 학습을 촉진하기 위해 다시 읽기를 사용하기 위해서는 교재

의 장이나 강의 노트에서 이해가 안 되는 내용이나 설명이 필요한 내용을 인지하고, 그 부분을 반드시 다시 읽도록 노력해야 한다. 성공하는 학습자로서 여러분의 좌우명은 '이해가 안 되는 내용을 다시 읽는다.'이어야 한다. 효과성을 극대화하기 위해 이 습관을 설명하기(self-explaining) 또는 요약하기(summarizing)와 같은 다른 습관과 함께 사용할 수도 있다(나중에 〈표 5〉 및 〈표 6〉에서 설명). 하지만 여러분은 효과적인 측면에서 모든 것을 맹목적으로 똑같이 강조하면서 다시 읽는 것은 하지 말아야 한다. 이러한 습관은 성공하지 못한 학습자의 습관이 반영되어 있기 때문이다.

〈표 5〉와 〈표 6〉의 두 번째 줄에서 볼 수 있듯이 강조 표시 습관은 내용을 읽으면서 내용의 일부에 밑줄을 긋거나 표시를 하는 것과 같이 일반적으로 사용되는 학습 습관이다. 강조 표시하기를 이용하여 생성적 학습을 촉진하기 위해서는 교재의 장이나 강의 노트 중 가장 중요한 부분이 무엇인지 찾아내려고 노력해야 한다. 성공적인 학습자로서 여러분의 좌우명은 '중요한 아이디어를 강조 표시한다.'이어야 한다. 강조 표시하기의 효과를 높이기 위해서는 자료의 요약(즉, 요약 습관), 자료의 개요 또는 작은 개요의 작성(즉, 매핑 습관), 자신을 스스로 평가(즉, 시험 연습 습관) 또는 자신에게 자료를 설명하기(즉, 설명 습관) 등의 학습 습관과 함께 사용하면 더욱 도움이 된다. 특히 강조 표시하기는 조금씩 사용하는 것이 가장 효과적이다. 강조 표시하기는 자료를 선택하고 구성함으로써 무엇이 중요한지 파악할 수 있도록 하기 위한 것이다. 만약 여러분의 교재 전체에 강조 표시가 되어 있다면, 여러분은 강조 표시하기의 많은 이점

을 얻지 못하고, 성공하지 못한 학습자가 되는 길 위에 서 있게 되는 것이다.

　일반적으로 사용되는 또 다른 학습 습관은 〈표 5〉와 〈표 6〉의 세 번째 줄에 있는 사전 훈련 습관 제목 안에 있는 플래시 카드를 사용하는 것이다. 사전 훈련 습관에서는 주요 용어와 그 정의 또는 특성을 암기하는 것을 목표로 한다. 성공하는 학생으로서 여러분의 좌우명은 '주요 용어를 숙달한다.'이어야 한다. 예를 들어, 한 면에는 용어가, 다른 면에는 정의가 작성되어 있는 플래시 카드를 만들어 활용할 수 있다. 주요 용어를 아는 것은 제한된 정보 처리 용량을 사용하여 용어의 의미를 파악할 필요가 없으므로 교재나 강의 노트에 있는 설명을 더 잘 이해할 수 있다. 정의를 기억하는 것은 성공하는 공부의 첫 단계일 뿐이다. 〈표 5〉와 〈표 6〉에 열거된 다음 공부 습관 중 일부를 사용함으로써 여러분이 그 자료를 깊이 이해하기를 원하기 때문이다. 만약 여러분이 하는 모든 것을 외우기만 한다면, 여러분은 실패한 학습자처럼 행동하는 것이다.

　〈표 5〉와 〈표 6〉의 성공적인 학습을 위한 공부 습관 3가지는 책이나 노트에 있는 단어를 간결하게 요약하여 다른 형태로 옮겨 쓰기(즉, 요약 습관), 개요 또는 지식 지도 만들기(즉, 매핑 습관), 그리기(즉, 그리기 습관) 등을 포함한다. 처음 2가지 습관은 노트 작성하기와 개요 작성하기와 같이 일반적으로 사용되는 전략을 포함한다. 여러분이 이미 어떤 형태로든 사용하고 있을 수 있지만, 이 책에서 보듯이 그것들을 가장 효과적으로 사용할 수 있는 방법들이 있다.

요약 습관은 성공한 학습자로서 여러분의 선택권에 추가할 수 있는 가장 강력하고 사용하기 쉬운 공부 습관 중 하나이다. 〈표 5〉와 〈표 6〉의 네 번째 줄에서 보듯이, 요약하기는 간결한 서면 요약이나 간단한 구술 요약을 만듦으로써 자신의 용어를 학습의 주요 아이디어에 넣는 것을 의미한다. 여러분의 좌우명은 '나의 용어로 요약한다.'가 되어야 한다. 요약하기는 중요한 자료에 주의를 기울이고(즉, 선택하기의 인지 과정), 여러분을 이해하기 쉬운 일관된 구조로 구성하며(즉, 조직하기의 인지 과정), 자신의 용어에 그것을 넣음으로 사전 지식과 연관시킬(즉, 통합의 인지 과정) 때 작동한다. 요약하기는 단순히 자료를 한 글자 한 글자 반복하거나 베끼는 것을 의미하지 않으며, 이것은 요약하기의 효과를 크게 떨어뜨린다. 요약하기를 노트필기라고 생각할 수 있지만, 요약하기는 요점을 집중적으로 짚고 자신의 말로 일관성 있게 간단하게 정리하는 특별한 종류의 노트필기이다.

매핑 습관 또한 성공하는 학습자가 되는 데 있어 강력한 도구가 될 수 있다. 〈표 5〉와 〈표 6〉의 다섯 번째 줄에서 볼 수 있듯이, 매핑 습관은 개요 또는 지식 지도(예: 위계구조, 매트릭스, 순서도)와 같은 공간 배열에 수업의 주요 아이디어를 넣는 것을 포함한다. 여러분의 좌우명은 '개요를 만든다.'가 되어야 한다. 여러분은 가장 일반적인 매핑하기 형식인 개요 작성하기에 이미 참여하고 있을 수 있다. 개요 작성하기는 내용이 잘 완성되었을 때 이해도를 높일 수 있고 요약하기나 자기 설명하기 등 다른 공부 습관과 연계하여 활용하면 효과를 높일 수 있다. 지식 지도를 만드는 법을 배우는 것은 시간이 조금 더 걸릴 수 있지만, 특히 위계구조, 매트릭스, 순서도와 같은 주요 구조에 드물게 사용될 때 그 자료를 정신적으로 조직하고 구성하는 데 있어 강력한 도움이 될 수 있다. 매핑하기의 목적은 중요한 자료를 선택하고 정리하여 사전 지식과 연관시키는 것이다. 여러분이 무엇이 중요한지 파악할 수 없을 때 매핑하기는 효과적이지 않을 것이다. 따라서 여러분은 매핑을 시작하기 위해 약간의 훈련과 안내가 필요할 수 있다.

그리기 습관은 일반적으로 덜 사용되고 연상하기(imagining)는 훨씬 덜 일반적으로 사용된다. 하지만 시스템의 전체 부분(예: 인간 순환 시스템의 부분) 또는 원인과 결과 시스템의 작동 방식(예: 인간 순환 시스템의 작동 방식)을 설명하는 내용을 이해하는 데는 특별히 큰 도움이 될 수 있다. 〈표 5〉와 〈표 6〉의 여섯 번째 줄에 설명된 바와 같이 '그림을 그린다.'라는 좌우명 아래 인쇄된 문자로 주요 자료를 묘사하는 삽화를 만든다. 그리기(drawing)와 가까운 사촌은 연상하기(imagining)이다. 여러분은 '정신적 이미지를 만든다.'는 좌우명 아래 인쇄된 문자에 주요 자료를 묘사하는 정신적 이미지(단지 그리는 것처럼)를 단순히 만들어 내는 것이다. 그리기는 선택(selecting, 즉 그림에 무엇을 넣을지 결정해야 함), 조직화(organizing, 즉 페이지에 그림을 공간적으로 배치하고 정렬해야 함) 그리고 통합(integrating, 즉 단어에서 그래픽으로 전환하기 위해서 사전 지식을 사용해야 함)과 같은 인지 처리 과정에 도움이 될 수 있다. 여러분은 아마도 그리기의 모든 장점을 얻기 위해 약간의 훈련과 안내가 필요할 것이다. 또한 만약 여러분이 그리기의 기법에 너무 많은 정신적인 노력을 기울여야 한다면, 그것들을 쉽게 만들 수 있을 만큼 충분한 훈련과 연습이 필요할 것이다.

다음으로, 〈표 5〉와 〈표 6〉의 성공하는 학습을 위한 공부 습관 4가지는 학습 자료를 정교화하는 것을 포함한다. 예를 들어, 연습 질문에 답하기(즉, 시험 연습 습관), 스스로에게 자료를 설명하기(즉, 설명 습관), 다른 누군가에게 설명하기(즉, 가르치기 습관) 또는 구체적인 대상으로 자료를 실행하기(즉, 실행 습관)와 같은 것이다.

학습 자료에 대한 시험 연습 습관을 자신에게 제공하는 것은 특별히 효과적인 공부 습관이다. 그 이유는 여러분이 기억에서 관련 자료를 꺼내서 사용하는 것과 관련된 시험에서 해야만 하는 일에 대해 연습하기 때문이다. 〈표 5〉와 〈표 6〉의 일곱 번째 줄에서 보듯이, 자기 평가하기는 여러분이 학습 자료를 공부한 후에 연습문제에 답하는 것을 포함한다. 여러분은 이미 〈표 5〉와 〈표 6〉의 다른 공부 습관들 중 일부를 다시 읽거나, 강조하거나, 개요 작성하기 등을 같이 사용했을지도 모른다. 하지만 이제 자기 평가를 통해 여러분은 시험에 나올 수 있는 문제들을 가지고 답하는 연습을 하고 있다. '연습 시험을 본다.'가 당신의 좌우명이어야 한다. 만약 여러분이 그 자료에 대해 자신을 평가하여 배울 수 있고, 시험 연습 습관에 참여하기 위해 기꺼이 노력을 기울인다면, 여러분은 학업 성공으로 가는 길을 잘 가고 있는 것이다. 자기 평가에 대한 약간의 훈련과 안내가 필요하겠지만, 훈련과 안내를 통해 이 공부 습관을 완벽하게 기를 수 있다. 이것은 여러분이 노력할 만큼의 가치가 있는 것으로 생각된다.

설명 습관은 강조 표시하기 또는 개요 작성하기에 기반한 습관처럼 성공하는 학습자가 되기 위해 가장 좋아하는 방법이라 생각된다. 〈표 5〉와 〈표 6〉의 여덟 번째 줄에서 보는 것과 같이 자기 설명하기에서 여러분은 노트나 책을 훑어보고, 보통은 자신에게 작은 강의를 하는 것처럼 큰 소리로 자신에게 그 자료를 설명한다. '내 자신에게 설명한다.'가 여러분의 좌우명이다. 여러분은 중요한 시스템이나 복잡한 아이디어, 처음에 혼란스러웠던 점에 초점을 맞춰 설명하는 데 있어 선택적일 필요가 있다. 여러분은 개인적인 필요와 스타일에 맞게 자기 설명하기를 적응시킬 필요가 있다. 여러분이 이 습관을 가끔만 사용해도 학습은 향상되고 공부 습관 모음집에 반가운 추가전략이 될 수 있다.

여러분은 다른 학습자에게 중요한 자료를 설명하는 자신을 발견하는 스터디 그룹에 참여하게 될 수도 있다. 만약 그렇다면 여러분은 여러분의 또래를 돕는 것뿐만 아니라 그 자료를 더 잘 이해하도록 자신을 돕고 있는 것이다. 〈표 5〉와 〈표 6〉의 아홉 번째 줄에 요약된 가르치기 습관에 따르면, 여러분은 다른 사람들에게 자료를 설명할 때 더 잘 배우게 된다. 여러분이 가르치면서 학습하기에 참여할 때, 여러분의 좌우명은 '다른 사람들에게 설명한다.'가 되어야 한다. 다른 사람에게 설명하면 자신이 무엇을 말해야 하는지(즉, 선택하기)와 어떻게 조직해야 하는지(즉, 조직하기), 그리고 심지어 다른 사람이 이해할 수 있는 방식으로 말하는 방법(즉, 통합하기)을 파악할 수 있다. 어떤 사람들은 다른 사람들과 함께 공부하는 것보다 혼자 공부하는 것을 선호하고, 때때로 스터디 그룹은 그 자료를 배우는 것과 정말로 관련이 없는 대화로 전락할 수도 있다. 따라서 가르치면서 학습하기는 협력적 공부가 적절히 설정되고, 구성원 모두가 훈련을 받고 잘 될 수 있도록 노력할 때 효과적일 수 있다.

마지막으로, 〈표 5〉와 〈표 6〉의 열 번째 줄은 수업에서 주요 자료를 실행하기 위해 과제 관련 활동에 참여하는 실행 습관을 설명하고 있다. 때때로 실행하기는 '수업에서 실행한다.'라는 좌우명 아래 물리적 물체를 움직이는 것을 포함한다. 수학적 개념을 표현하기 위해 많은 구체적인 사물들과 함께 공부했던 몬테소리 학교를 다니지 않는 한, 실행하기 습관은 당신에게 새로운 것일지도 모른다. 예를 들어, 여러분은 컴퓨터 프로그램의 작동 방식을 이해하기 위해 모의 실행 메모리 공간에 숫자를 쓰거나 첫 번째 명령에서 다음 명령으로 포인터를 이동하는 등 프로그램의 각 단계를 수행할 수 있다. 처음 실행 습관을 적용하는 것이 어색해 보일 수 있지만, 결국에는 그것이 재미있을 수 있고 추상적인 생각을 좀 더 구체적으로 만드는 데 도움이 될 수 있다고 생각한다.

〈표 5〉 성공하는 학습자의 학습 습관 10가지

습관	설명	좌우명
다시 읽기 습관 (rereading habit)	설명이 필요한 부분의 글을 다시 읽거나 다른 습관을 지원할 때 더 잘 배운다.	이해가 안 되는 내용을 다시 읽는다.
강조 표시 습관 (highlighting habit)	인쇄된 내용에서 중요한 아이디어를 정확하게 강조 표시할 때 더 잘 배운다.	중요한 아이디어를 강조 표시한다.
사전 훈련 습관 (pretraining habit)	주요 용어를 이미 알고 있을 때 더 잘 배운다.	주요 용어를 숙달한다.
요약 습관 (summarizing habit)	수업의 주요 내용을 자신의 용어로 요약할 때 더 잘 배운다.	나의 용어로 요약한다.

매핑 습관 (mapping habit)	수업에서 학습 자료의 전체의 개요를 작성하거나 지식 지도를 만들 때 더 잘 배운다.	개요를 만든다.
그리기 습관 (drawing habit)	글자에 학습 자료의 내용을 묘사하는 그림을 그리거나 정신적 이미지를 만들 때 더 잘 배운다.	(정신적 이미지나) 그림을 그린다.
시험 연습 습관 (self-testing habit)	공부한 자료에 대한 연습 시험을 볼 때 더 잘 배운다.	연습 시험을 본다.
설명 습관 (self-explaining habit)	자신의 용어로 정교화된 핵심 자료를 자신에게 설명할 때 더 잘 배운다.	내 자신에게 설명한다.
가르치기 습관 (teaching habit)	다른 사람에게 공부한 자료를 설명할 때 더 잘 배운다.	다른 사람들에게 설명한다.
실행 습관 (enacting habit)	공부하는 동안 과제 관련 활동에 참여할 때 더 잘 배운다.	수업에서 실행한다.

〈표 6〉 성공하는 학습자의 학습 습관 10가지 사례

습관	일반적 사례	구체적 사례
다시 읽기 습관 (rereading habit)	방금 읽은 문장을 이해하지 못했다는 것을 깨달았을 때 멈추고, 이해를 확실히 하기 위해 그것을 다시 읽으라.	여러분은 뇌에 대한 다음과 같은 내용을 읽으라. "정신적인 과제를 연습한 후에 그것은 뇌 활동의 감소를 초래한다." 처음에 여러분은 그것이 활동을 증가시켜야 한다고 생각해서 문장을 다시 읽고 왜 노력이 덜 필요한지 알 수 있는 관련 문장을 찾으라.
강조 표시 습관 (highlighting habit)	중요한 새로운 용어 또는 정보가 나오면 강조 표시를 하라.	노란색 마커를 사용하여 과정에서 중요한 단계를 강조 표시하고, 각 단계 번호 앞에 기록하라.

사전 훈련 습관 (pretraining habit)	각 주요 용어와 그 정의를 확인하고 반드시 숙지하라.	교과서 챕터를 위해 한 면에는 용어를, 다른 면에는 정의가 있는 플래시 카드를 만들라.
요약 습관 (summarizing habit)	수업에서 주요 아이디어를 자신의 용어로 요약하라.	수업 노트를 읽고 주요 요점을 담은 요약본을 만들라.
매핑 습관 (mapping habit)	수업에서 자료의 개요나 지식 지도를 만들라.	교과서를 읽으면서 주요 요소를 조직하는 여백에 개요, 매트릭스, 위계구조 또는 순서도를 만들라.
그리기 습관 (drawing habit)	글에서 자료를 묘사하는 그림(또는 정신적 이미지)을 만들라.	뉴런이 어떻게 소통하는지에 대한 수업내용을 읽으면서 뉴런의 그림을 그리고, 주요 부분에 라벨을 붙이라.
시험 연습 습관 (self-testing habit)	공부한 자료에 대한 연습 시험을 가지라.	뉴런이 소통하는 학습 내용을 읽은 후에 책을 덮고, 기억나는 모든 내용을 작성하라.
설명 습관 (self-explaining habit)	자신의 용어로 정교화된 학습 자료의 내용을 자신에게 설명하라.	뉴런이 소통하는 학습 내용을 공부한 후 자신에게 작은 강의를 제공하라.
가르치기 습관 (teaching habit)	공부한 내용을 다른 사람에게 설명하라.	수업 시간에 뉴런의 소통에 대해 교수자가 설명하는 내용을 이해 못하는 동료가 있어서 그 내용을 동료에게 간단하게 설명하라.
실행 습관 (enacting habit)	공부하는 동안 과제 관련 활동에 참여하라.	방금 읽은 신경 전달의 4가지 단계의 내용에 대응하는 손짓을 만들라.

난 여기서 어디로 가야 할까

만약 여러분이 이 책을 여기까지 읽었다면, 여러분은 성공하는 학습자가 되기 위한 자질을 가지고 있다는 것을 의미한다. 비록 이 책의 의도가 여러분의 공부 습관을 개선하고자 하는 것이긴 하지만, 지속적인 자기계발에 대한 전념을 통해 공부하는 방법을 배우는 것이 여러분의 인생을 보다 더 향상시킬 수 있는 방법이라는 점을 알아주기 바란다. 일단 여러분이 자신에게 맞는 공부 습관을 개발하고 나면, 그것을 수정하고 적용하여 자신에게 더욱 효과적인 것으로 만들 수 있다. 여러분은 아마도 다른 사람들에게 효과가 있는 것을 보거나 공부 기술 관련 자료를 계속 읽고 배우는 과정을 통해 여러분의 모음집에 새로운 공부 습관을 추가할 수 있다. 이 장의 끝에 몇 가지 읽으면 유용한 자료를 제시하고 있다.

이 책이 초점을 두고 있는 학업 성공을 위한 공부는 단지 시작에 불과하다. 평생학습자로서 학교에서도, 직장에서도, 인생에서도 새로운 것을 배우는 것에 호기심과 관심이 많은 사람이 되길 바란다. 여러분이 배우고 싶은 주제가 떠오를 때, 여러분은 이 목적을 성취하는 데 도움이 될 수 있는 공부 습관이 필요할 것이다. 이 책에서 설명하고 있는 공부 습관 20가지는 학교뿐 아니라 일상생활이나 직장에서도 도움을 제공할 것이다. 학습하는 능력을 향상시키는 것은 평생의 과제일지도 모른다.

더욱 훌륭한 학습자가 되기 위해서는 유용한 공부 습관을 습득하는 것뿐만 아니라 언제 그것들을 사용할지, 그리고 어떻게 그것들을 당면한 과제에 적용할지에 대한 방법을 배우는 것도 포함한다. 학습이 어떻게 진행되는지 점검하고 그에 따라 무엇을 하고 있는지 조정할 때, 여러분은 자신의 인지 과정에 대해 생각하게 되는 메타인지 과정에 참여하게 된다. 이를 통해 여러분은 자기 조절 학습자, 즉 자신의 학습을 관리하고 책임지는 학습자가 될 수 있다. 이 책을 읽는 것은 자기 조절 학습자가 되기 위한 확실한 단계이다.

   수업 방식이 오프라인에서 온라인으로 옮겨 갈 때 여러분의 공부 습관은 그대로 유지되어야 하지만, 그것을 실행하는 방법은 조금 바뀔 수 있다. 교과서를 읽는 대신에 노트북, 컴퓨터, 태블릿 또는 휴대폰으로 전자책(e-Book)을 읽을지도 모른다. 면대면 강의가 끝날 때까지 앉아 있는 대신 집에서 개인 기기로 동영상 강의를 볼 수도 있다. 숙제로 연습문제를 푸는 대신에 온라인에서 연습문제를 풀고 온라인으로 제출할 수도 있다. 온라인 강의를 수강할 수도 있고, 온라인 튜터링 시스템으로부터 배울 수도 있고, 또는 듣고 있는 전통적인 강의의 보충물로 대화형 시뮬레이션 게임을 할 수도 있다. 교육 개발자들은 이러한 컴퓨터 기반 환경에서 학습 전략을 구현하는 방법들을 고안하고 있다. 예를 들어, 온라인 수업에서 강조 표시하기와 노트필기하기를 위한 온라인 시스템이나 동영상 강의를 보고 들으면서 강의 주석을 달고 색인을 작성할 수 있는 몇 가지 앱 프로그램을 알고 있을 것이다. 앞으로 이러한 종류의 온라인 학습 보조 기구를 어떻게 사용하는 것이 학습효과에 있어 가장 좋을지 결정하기 위한 연구가 필요하기 때문에 여러분은 경계를 늦

추지 말아야 한다.

　여러분이 이 책을 잘 활용하면 더욱 똑똑해질 수 있다. 지능은 흔히 학습하는 능력으로 정의되는데, 이 책은 학습자로서 자신의 효과성을 향상시키기 위한 것이므로 여러분이 더욱 똑똑해지도록 돕기 위한 것이라 할 수 있다. 학습하는 능력을 포함한 여러분의 지능은 학교, 직장 및 삶에서 성공을 위한 가장 중요한 자산 중 하나이다. 성실함(즉, 열심히 노력하고 지속하기 위한 자신의 헌신)과 함께, 학습하고 생각하는 능력(이를 유연한 지능이라고 함)과 학습을 통해 습득한 지식(이를 결정화된 지능이라고 함)은 여러분이 달성하고자 하는 과제를 성공적으로 수행하는 데 도움이 된다(Martinez, 2000, 2013; Pellegrino & Hilton, 2012). 만약 이 책이 여러분을 더 잘 배울 수 있도록 도와준다면, 이 책이 성공했음을 의미한다.

참고문헌

Martinez, M. E. (2000). *Education as the cultivation of human intelligence*. Mahwah, NJ: Erlbaum.

Martinez, M. E. (2013). *Future bright: A transforming vision of human intelligence*. New York: Oxford University Press.

Pellegrino, J. W., & Hilton, M. L. (2012). *Education for life and work: Developing transferrable knowledge and skills in the 21st century*. Washington, DC: National Academies Press.

추천 읽을거리

Ambrose, S. A., Bridges, M. W., DiPiertro, M., Lovett, M. C., & Norman, M. K. (2010). *How learning works*. San Francisco: Jossey-Bass.

Boser, U. (2017). *Learn better*. New York: Rodale.

Bourne, L. E., & Healy, A. F. (2014). *Train your mind for peak performance*. Washington, DC: American Psychological Association.

Brown, P. C., Roediger, H. L., & McDaniel, M. A. (2014). *Make it stick: The science of successful learning*. Cambridge, MA: Harvard University Press.

Dunlosky, J., Rawson, K. A., Marsh, E. J., Nathan, M. J., & Willingham, D. T. (2013). Improving students' learning with effective learning techniques: Promising directions from cognitive and educational psychology. *Psychological Science in the Public Interest, 14*(1), 4-58.

Fiorella, L., & Mayer, R. E. (2015). *Learning as a generative activity: Eight learning strategies that promote understanding*. New York: Cambridge University Press.

Miyatsu, T., Nguyen, K., & McDaniel, M. A. (2018). Five popular study strategies: Their pitfalls and optimal implementations. *Perspectives on Psychological Science, 13*, 390-407.

Pashler, H., Bain, P. M., Bottge, B. A., Graesser, A., Koedinger, K., McDaniel, M., & Metcalfe, J. (2007). *Organizing instruction and study to improve student learning*. (IES Practice Guide, NCER 2007-2004). Washington, DC: National Center for Education Research.

Weinstein, C. E., & Mayer, R. E. (1985). The teaching of learning strategies. In M. C. Wittrock (ed.), *Handbook of Research on Teaching* (3rd ed.; pp. 315-327). New York: Macmillan.

찾아보기

저자 소개

리처드 메이어(Richard E. Mayer)

저자는 3세 때 유치원을 들어가서 그 이후로 계속 학교를 다녔다. 저자는 신시내티 공립학교를 유치원부터 12학년까지 다녔고, 그 이후에는 Miami University에서 심리학 학사, University of Michigan에서 심리학 박사 학위를 받았다. Indiana University에서 심리학과 객원 조교수로 2년간 근무한 후, University of California, Santa Barbara에서 꿈의 직업을 갖게 되었다. 저자는 현재 University of California, Santa Barbara에서 심리학과 뇌과학의 명예교수로 활동하고 있다.

저자의 연구 관심사는 학습과학을 교육에 적용하는 데 있다. 어떻게 하면 사람들이 학습한 내용을 새로운 상황에 전달하도록 도울 수 있을지에 초점을 맞추고 있다. 저자는 인지, 교육, 기술의 교차점에 있으며 학습 전략, 멀티미디어 학습, 컴퓨터 지원 학습, 학습을 위한 컴퓨터 게임 등에 관한 연구를 수행하고 있다.

여러 해 동안, 저자의 동료들은 다양한 인생의 성과로서 공로상을 수상하게 도와주었으며, 저자의 연구 공로를 높이 평가해 주었다. 교육심리학의 경력 달성을 위한 손다이크(E. L. Thorndike) 상(미국심리학회 15부), 학습과 가르침에 있어서 뛰어난 연구에 대한 실비아 스크리브너(Silvia Scribner) 상(미국교육연구협회 C과), 교육 설계 및 기술 분야의 연구 성과에 대한 데이비드 조나센(David Jonassen) 상(교육 커뮤니케이션 기술 협회), 응용 심리학 연구에 평생 기여한 제임스 맥킨 캐틀(James McKeen Cattell) 상(심리학 과학 협회) 그리고 교육·훈련에 대한 심리학 응용의 공로상(미국심리학회) 등을 수상하였다.

저자는 현대 교육심리학에서 세계에서 가장 영향력 있는 교육심리학자로 1위를 차지했고, 구글 스콜라에서 가장 많이 인용된 교육심리학자로 선정된 바 있다.

그 과정에서 저자는 미국심리학회의 15사단장(교육심리학)과 미국교육연구협회 C과의 부회장을 역임했다. 또한 저자는 해군연구소의 스펜서 재단으로부터의 현행 보조금, 교육과학연구소 및 국립과학재단 지원금 등을 포함하여 35개 이상의 연구비를 지원하는 수석 조사관 또는 공동 수석조사관으로 일하였다. 아울러 저자는 『교육심리학(Educational Psychologist)』 저널의 편집장이자 『교수 과학(Instructional Science)』 저널의 공동 편집장이었으며, 현재 교육심리학 분야를 중심으로 12개 저널의 편집국에서 활동하고 있다.

　저자는 주로 학습과학을 교육에 적용하는 것을 목적으로 『생성적 활동으로서 학습(Learning as a Generative Activity)』 『학습을 위한 컴퓨터 게임(Computer Games for Learning)』 『학습과학의 적용(Applying the Science of Learning)』 『e-러닝 및 교수 과학의 적용 제4판(e-Learning and the Science of Instruction, 4th ed.)』(R. Clark와 공저), 『멀티미디어 학습 제2판(Multimedia Learning, 2nd ed.)』 『학습 및 교수 제2판(Learning and Instruction, 2nd ed.)』 『학습과 교수 연구 핸드북 제2판(Handbook of Research on Learning and Instruction, 2nd ed.)』(P. Alexander와 공동 편집), 『케임브리지 멀티미디어 학습 핸드북 제2판(The Cambridge Handbook of Multimedia Learning, 2nd ed.)』(편집) 등을 포함하여 30여 권의 책과 500권 이상의 출판물을 집필하였다.

　저자는 배우는 것을 좋아하고 여러분이 학습과학에서 얻은 연구 증거를 바탕으로 성공적인 학습자로서 학습 기술을 향상시키기를 바란다.

이 책에 소개된 저자의 참고문헌

Weinstein, C. E., & Mayer, R. E. (1986). The teaching of learning strategies. In M. C. Wittrock (Ed.), *Handbook of research on teaching, third edition* (pp. 315-327), New York: Macmillan.

Peper, R. J., & Mayer, R. E. (1986). Generative effects of note taking during science lectures. *Journal of Educational Psychology, 78,* 23-28.

Cook, L. K., & Mayer, R. E. (1988). Teaching readers about the structure of scientific text. *Journal of Educational Psychology, 80,* 448-456.

Shrager, L., & Mayer, R. E. (1989). Notetaking fosters generative learning strategies in novices. *Journal of Educational Psychology, 81,* 263-264.

Kiewra, K., Mayer, R. E., Christian, D., Dyreson, M., & McShane, A. (1991). Effects of repetition on recall and notetaking: Strategies for learning from lectures. *Journal of Educational Psychology, 82,* 120-123.

Johnson, C. I., & Mayer, R. E. (2009). A testing effect with multimedia learning. *Journal of Educational Psychology, 101,* 621-629.

Johnson, C. I., & Mayer, R. E. (2010). Adding the self-explanation principle to multimedia learning in a computerbased game-like environment. *Computers in Human Behavior, 26,* 1246-1252.

Mayer, R. E., & Johnson, C. I. (2010). Adding instructional features that promote learning in a game-like environment. *Journal of Educational Computing Research, 42,* 241-265.

Schwamborn, A., Mayer, R. E., Thillmann, H., Leopold, C., & Leutner, D. (2010). Drawing as a generative activity and drawing as a prognostic activity. *Journal of Educational Psychology, 102,* 872-879.

Fiorella, L., & Mayer, R. E. (2012). Paper-based aids for learning with a computer-based game. *Journal of Educational Psychology, 104,* 1074-1082.

Ponce, H. R., Lopez, M. J., & Mayer, R. E. (2012). Instructional effectiveness of a computer-supported program for teaching reading comprehension strategies. *Computers & Education, 59,* 1170-1183.

Fiorella, L., & Mayer, R. E. (2013). The relative benefits of learning by teaching and teaching expectancy. *Contemporary Educational Psychology, 38,* 281-288.

Fiorella, L., & Mayer, R. E. (2014). The role of explanations and expectations in learning by teaching. *Contemporary Educational Psychology, 39,* 75-85.

Ponce, H. R., & Mayer, R. E. (2014). Qualitatively different cognitive processing during online reading primed by different study activities. *Computers in Human Behavior, 30,* 121-130.

Ponce, H., & Mayer, R. E. (2014). An eye-movement analysis of highlighting and graphic organizer study aids for learning from expository text. *Computers in Human Behavior, 41,* 21-32.

Schmeck, A., Mayer, R. E., Opfermann, M., Pfeiffer, V., & Leutner, D. (2014). Drawing pictures during learning from scientific text: Testing the generative drawing effect and the prognostic drawing effect. *Contemporary Educational Psychology, 39,* 275-286.

Fiorella, L., & Mayer, R. E. (2015). *Learning as a generative activity: Eight learning strategies that promote understanding.* New York: Cambridge University Press.

Leopold, C., & Mayer, R. E. (2015). An imagination effect in learning from scientific text. *Journal of Educational Psychology, 107,* 47-63.

Fiorella, L., & Mayer, R. E. (2016). Eight ways to promote generative learning. *Educational Psychology Review, 28,* 717-741.

Pilegard, C., & Mayer, R. E. (2016). Improving academic learning from computer-based narrative games. *Contemporary Educational Psychology, 44,* 12-20.

Fiorella, L., & Mayer, R. E. (2017). Spontaneous spatial strategies in learning from scientific text. *Contemporary Educational Psychology, 49,* 66-79.

Rawson, K., Stahovich, T. F., & Mayer, R. E. (2017). Homework and achievement: Using smartpen technology to find the connection. *Journal of Educational Psychology, 109,* 208-219.

Gyllen, J., Stahovich, T., & Mayer, R. E. (in press). How students read an e-textbook in an engineering course. *Journal of Computer Assisted Learning.*

Huang, X., & Mayer, R. E. (in press). Adding self-efficacy features to an online statistics lesson. *Journal of Educational Computing Research.*

Parong, J., & Mayer, R. E. (in press). Learning science in immersive virtual reality. *Journal of Educational Psychology.*

역자 소개

성은모(Eunmo Sung) _____

■ 학력

서울대학교 교육학과 박사(교육공학 전공)

경인교육대학교 교육학 석사(교육방법 전공)

경인교육대학교 교육학 학사

■ 약력

현   안동대학교 사범대학 교육공학과 교수, 학과장

　　한국교육공학회 부회장, 이사, 편집위원

　　한국교육정보미디어학회 이사

　　한국기업교육학회 이사

전   한국청소년정책연구원 성과관리팀장/부연구위원

　　University of California, Santa Barbara Post-Doctoral Researcher

　　서울대학교 한국인적자원연구센터 선임연구원

■ 저서 및 역서

게임기반 학습(공역, 박영사, 2023), 습관공부 5분만(공저, 빈티지하우스, 2019), 글로벌 학습시대 묵스의 이해(공저, 학지사, 2015), 스마트미디어의 이해(공저, 미래인, 2014), 학습과학: 원리와 실천적 적용(공역, 아카데미프레스, 2012)

■ 연구 관심 분야

에듀테크 러닝, 온라인 러닝, 자기주도학습, 학습분석학 등을 중심으로 다양한 교수학습모형 설계에 대한 연구를 진행해 오고 있다. 「Five facets of social presence in online distance education」(2012), 「Teachers' beliefs and technology acceptance concerning smart mobile devices for SMART education in South Korea」(2018) 등 SSCI 7편이 있다. 또한 「에듀테크 기반 학생 정서지원 모델 개발 연구」(2023), 「플립러닝 과정기반 온라인 프로젝트학습 수업모형 개발」(2022), 「대학교육에서 성적 우수 학습자의 자기주도학습역량 요인 탐색」(2016) 등 국내학술지(KCI) 91편이 있다.

최효선(Hyoseon Choi) _____

■ 학력

서울대학교 교육학 박사(교육공학 전공)

서울대학교 교육학 석사(교육공학 전공)

서울대학교 생활과학 학사

■ 약력

현　조선대학교 의과대학 의학교육학교실 교수

　　조선대학교 교육혁신원 겸직교수

　　한국의학교육학회 정책간사

　　교육정보미디어연구 편집위원

　　직업능력개발연구 편집위원

전　한국방송통신대학교 원격교육연구소 연구원

　　한국의학교육학회 교육간사

■ 저서

의과대학의 사회적 책무성 가이드북(공저, KAMC, 2022), Open and Distance Education in Asia, Africa and the Middle East(공저, Springer Open, 2019), 글로벌 학습시대 묵스의 이해(공저, 학지사, 2015)

■ 연구 관심 분야

원격교육, 온라인 러닝, 플립러닝, learning by teaching 등 다양한 교수학습방법에 대한 연구를 진행해 오고 있다. 「The power of positive deviance behaviours: From panic-gogy to effective pedagogy in online teaching」 (2023) 등 SSCI 혹은 SCIE 10편, SCOPUS 2편이 있다. 또한 「미래학습에서의 Learning by Teaching 적용가능성」(2021) 등 국내학술지(KCI) 31편이 있다.

허균(Heo Gyun) _____

■ 학력

서울대학교 교육학 박사(교육공학 전공)

연세대학교 교육학 석사(전산교육 전공)

부산교육대학교 교육학 학사

■ 약력

현 부경대학교 수해양산업교육과 교수

전 한국진로개발학회 회장

    Pennsylvania State University 및 Indiana University 방문학자

    한국교육학술정보원 선임연구원

    Indiana University 방문연구원

    충남 및 경기 교육청 관내 학교 교사

■ 저서

질적 연구 101(부경대학교출판부, 2022), 교육통계 1: SPSS 25(부경대학교
출판부, 2020), 교육방법 및 교육공학의 이론과 실제(부경대학교출판부,
2016), 교육 연구방법의 이론과 실제(서현사, 2010) 외 다수

■ 연구 관심 분야

컴퓨터 활용교육, 진로교육, 종단 및 패널 자료 분석 등의 다양한 연구를 진
행 중에 있다. 「Optimal flow experience in WBI」(2005) 등 다수의 SSCI
논문 및 국내 논문이 있다.

학습과학에서 말하는
성공하는 학습자의 20가지 공부 습관
How to Be a Successful Student
20 Study Habits Based on the Science of Learning

2023년 9월 15일 1판 1쇄 인쇄
2023년 9월 25일 1판 1쇄 발행

지은이 • Richard E. Mayer
옮긴이 • 성은모 · 최효선 · 허균
펴낸이 • 김진환
펴낸곳 • ㈜**학지사**

　　　　　04031 서울특별시 마포구 양화로 15길 20 마인드월드빌딩
대표전화 • 02-330-5114　　팩스 • 02-324-2345
등록번호 • 제313-2006-000265호

홈페이지 • http://www.hakjisa.co.kr
인스타그램 • https://www.instagram.com/hakjisabook

ISBN 978-89-997-2980-5 03370

정가 16,000원

출판미디어기업 **학지사**

간호보건의학출판 **학지사메디컬** www.hakjisamd.co.kr
심리검사연구소 **인싸이트** www.inpsyt.co.kr
학술논문서비스 **뉴논문** www.newnonmun.com
교육연수원 **카운피아** www.counpia.com